学术英语过程写作

丰俊超　蔡文育　孙菲　主编

哈尔滨工业大学出版社

内 容 简 介

本书综合了过程写作观与系统功能语言观的理论框架,在知识传授层面构建了一个完整且层次分明的写作知识与策略系统网络,并且重视学生国际视野的塑造,引导学生根据交际目的与对象选择适宜的知识与策略。本书坚持全人教育理念,同时提升学生的批判性思维与文化素养。本书编者精心设计的教学内容,旨在帮助学生培养学术探究精神与自主实践能力。希望通过本书的学习,读者能全面提升自身的学术英语写作能力,为将来在国内外发表高水平学术英语论文打下坚实基础,促进学术成果的有效传播。

图书在版编目(CIP)数据

学术英语过程写作/丰俊超,蔡文育,孙菲主编.
—哈尔滨:哈尔滨工业大学出版社,2024.8.—ISBN 978-7-5767-1687-0

Ⅰ.H315

中国国家版本馆 CIP 数据核字第 20245T7P47 号

XUESHU YINGYU GUOCHENG XIEZUO

策划编辑	杨秀华
责任编辑	邵长玲
封面设计	刘 乐
出版发行	哈尔滨工业大学出版社
社　　址	哈尔滨市南岗区复华四道街 10 号　邮编 150006
传　　真	0451-86414749
网　　址	http://hitpress.hit.edu.cn
印　　刷	哈尔滨久利印刷有限公司
开　　本	787 mm×960 mm　1/16　印张 13.5　字数 235 千字
版　　次	2024 年 8 月第 1 版　2024 年 8 月第 1 次印刷
书　　号	ISBN 978-7-5767-1687-0
定　　价	39.00 元

(如因印装质量问题影响阅读,我社负责调换)

前　言

　　学术英语写作课程是为非英语专业本科生设计的英语通识教育科目。对于大多数非英语专业的学生而言,学术英语写作课程往往伴随着挑战与困扰。本书旨在协助非英语专业本科生深入理解学术英语写作的流程与策略,以提升其英语写作能力及逻辑思维能力,并为高阶研究型写作奠定基础。本书针对非英语专业本科生学术英语写作中常见的写作短板和问题,提供学术英语写作技能专项讲解。同时,培养学生的批判性思维,提升跨文化意识,以开放、思辨的心态理解多元文化的共同点与底层逻辑,帮助学生提升全球视野和写作本领。本书以新时代本科生教育改革发展方向为指导,落实立德树人根本任务,通过学术学科融通,帮助学生积累学科前沿知识,培养创新能力、解决问题的能力和自主学习能力,使其成长为德才兼备、服务国家战略发展需求的高层次人才。

　　在编写本书的过程中,编者借鉴了过程写作观与系统功能语言观。过程写作观将写作视为一个具有交际目的、复杂的、非线性的互动过程,强调在构思、草拟、修改及编辑等过程环节中进行反复的互动活动,并在写作过程中注重意义的构建,促使作者的初始构想得以不断提炼与拓展。系统功能语言观则认为语言是一套可供语义选择的系统网络,作者依据社会文化语境、交际目的及对象,通过选择意义潜势来实现功能与意义的构建。本书构建了一个完整且层次分明的写作知识与策略体系,引导学生根据交际目的和对象选择适宜的知识与策略。

　　精心设计的教学内容,旨在帮助学生培养学术探究精神与自主实践能力,深入探讨学术英语写作的各个环节,从资料搜集、构思布局到文风规范,帮助学生逐步克服困难,提升写作技能。此外,本书还特别强调写作中的批判性思维训练,旨在引导学生独立思考,勇于质疑,培养其对不同学术观点的分析与评价能力。通过对学术英语写作的深入学习和实践,学生不仅能够掌握写作技巧,更能在未来的学术研究中,运用批判性思维发现问题、分析问题,并提出有力的论点。这样的能力在学术界至关重要,也是编者试图传递给学生的理念,期待学生能够将所学知识内化为自身的学术素养,为今后的学术旅程铺设坚实的基石。因此,本书在内容安排与活动设计上,注重将理论知识与实践操作相结合,使学生能在学术英语写作的实战中,不断磨炼技巧,增强自信。

本书具备以下特点:

1. 以问题为导向,采用模块化新模态

为促进学生更高效地掌握所学技能,本书将学术英语写作中常见的问题系统化,依据模块化设计原则,构建了写作知识与策略的框架。书中内容按照学术英语写作流程编排,将写作问题分为写前准备(prewriting process)、草稿撰写(drafting process)、修改完善(revising process)三大模块,并进一步细分为10章,每章均针对写作流程中的具体问题提供解决方案。这种以问题为导向的模块化设计有助于学生进行自我诊断,并设计个性化的自主学习路径及实操练习。

2. 精心挑选材料,兼顾经典与热点

本书在写作专项训练的语言材料选择上,既考虑了经典性也兼顾了时效性,从国内外权威的学术英语写作理论与实践著作中精选语料,以构建教材内容,有助于学生理解本书所传递的学术英语写作策略在不同学术语境下的适用性,进而提升学生的国际视野和学术成果的传播能力。

3. "双观"联动,促进知识迁移

遵循过程写作观与系统功能语言观的编写理念,本书将单项技能与整体技能的学习线索并行推进。单项技能知识在每章中以写作问题为核心,旨在帮助学生在写作流程的不同阶段集中掌握一项技能;而整体技能则强调学生的综合运用能力,学术写作成果是写作过程中单项技能综合能力的体现。从学术问题的选题、研究过程、起草到修改等各个阶段,都需要综合运用单项技能,以完成写作任务并实现知识迁移。学生在完成本书的全部学习后,将能够完成一篇具有挑战性的学术英语论文。

4. 系统性与实用性

本书从学术英语论文研究的基本概念入手,逐步深入写作流程的各个核心阶段,如学术英语论文研究、高效文献阅读、学术英语论文结构要素及语言修正等,构建了一个完整的学术英语论文过程写作知识体系。本书结合大量实例分析,注重理论与实践相结合,帮助学生更好地理解和掌握所学知识,并提高实际应用能力。

5. 重视学术写作能力层级提升,实现学术英语写作 i+1

每章均设计了真实教学中收集的学生习作中遇到的问题和实例,采用易于理解的语言和丰富的图表,将复杂概念和知识简单化,适合不同知识背景的学生

学习。本书之宗旨，在于引导学生深入参与写作实践，以便他们能够透彻理解学术写作过程中可能遭遇的挑战，并探索有效的应对策略。"i"代表学生个体当前所具备的学术写作能力水平，通过本书的学习，期望学生能在现有的学术写作基础"i"之上，逐步提升其写作技巧，将英语写作知识内化吸收，从而实现学术英语写作能力从"i"向"i+1"的进阶。

本书的主编团队由哈尔滨理工大学外国语学院的丰俊超、蔡文育及孙菲组成。编者依托扎实的理论基础和丰富的实践经验，为学生贡献了一部融合学术深度与应用价值的书籍。本书第1～3章由丰俊超编写，第4～6章由蔡文育完成，第7～10章由孙菲负责。本书在编写过程中得到了哈尔滨理工大学外国语学院"双一流学科建设"项目的资助，同时，获得了外国语学院领导的大力支持。此外，本书中的教学实例充分体现了众多学生在课堂中的积极参与，以及他们学术英语写作的反馈，在此向他们表示衷心的感谢！

祝愿同学们通过本书的学习，不但能学到更多的学术英语写作知识，期望能够帮助学生在掌握学术英语写作知识的同时，在写作过程中锻炼思辨能力，提高自身的人文素养，形成对学术英语论文发表更加全面的认识。

本书融合了教学实践与理论研究的精髓，是过程写作观和系统功能语言观指导下对学术英语写作课程体系教材改革方面做出的一次尝试与探索，若有疏漏之处，敬请读者指正。

编 者
2024 年 7 月

目 录

第 1 部分　学术英语论文写前过程

第 1 章　什么是研究 …………………………………………………… 3
1.1　为什么学术英语写作这么难 …………………………………… 4
1.2　学术英语写作的习惯 …………………………………………… 19
1.3　学术英语写作的风格 …………………………………………… 21
1.4　学术英语写作前期准备的问题意识 …………………………… 23
1.5　文献批评 ………………………………………………………… 27

第 2 章　什么是学术英语论文研究 …………………………………… 31
2.1　研究者如何看待学术英语写作 ………………………………… 31
2.2　研究者要问的几类问题 ………………………………………… 32
2.3　如何从研究主题中找到具体的研究问题 ……………………… 35
2.4　如何谋篇布局一篇英语论文 …………………………………… 38

第 3 章　如何高效阅读文献 …………………………………………… 43
3.1　了解读者希望使用的文献类型 ………………………………… 43
3.2　如何准确与适切地查找、阅读和记录文献 …………………… 44
3.3　文献读不懂怎么办 ……………………………………………… 52
3.4　如何与文献交互 ………………………………………………… 58
3.5　学术英语写作论证什么和如何整合论证要素 ………………… 62
3.6　构思论文结构 …………………………………………………… 64

第 2 部分　学术英语论文撰写过程

第 4 章　如何写题目 …………………………………………………… 71
4.1　题目的写作要求及格式 ………………………………………… 71
4.2　题目的长度 ……………………………………………………… 72

- 4.3 题目的类型与写作思路 ………………………………………… 72
- 4.4 摘要的重要性及功能 ………………………………………… 76
- 4.5 摘要的类型及要素 …………………………………………… 77
- 4.6 摘要的结构化写作方法 ……………………………………… 80
- 4.7 撰写摘要需注意的问题 ……………………………………… 84
- 4.8 关键词 ………………………………………………………… 85

第 5 章 如何写引言 …………………………………………………… 88
- 5.1 什么是引言 …………………………………………………… 88
- 5.2 引言的功能 …………………………………………………… 89
- 5.3 引言的要素 …………………………………………………… 90
- 5.4 引言的构思方法 ……………………………………………… 90
- 5.5 语步分析法 …………………………………………………… 92
- 5.6 引言撰写的几点建议 ………………………………………… 95

第 6 章 如何写正文 …………………………………………………… 97
- 6.1 研究基础——如何写文献综述 ……………………………… 97
- 6.2 研究方法 ……………………………………………………… 106
- 6.3 研究结果 ……………………………………………………… 131
- 6.4 讨论 …………………………………………………………… 136
- 6.5 结语 …………………………………………………………… 142
- 6.6 致谢 …………………………………………………………… 149

第 3 部分　学术英语论文改稿过程

第 7 章 语言的修正 …………………………………………………… 153
- 7.1 选择恰当的词汇 ……………………………………………… 153
- 7.2 选择多样的句型 ……………………………………………… 161
- 7.3 语言的连贯性 ………………………………………………… 166
- 7.4 学术英语写作常见的语言错误 ……………………………… 172

第 8 章 修改草稿 ……………………………………………………… 178
- 8.1 检查论证中的盲点 …………………………………………… 178
- 8.2 检查引言、结论和论点 ……………………………………… 179
- 8.3 确保学术英语论文的主要部分的连贯性 …………………… 179

8.4 将引证融入学术英语写作文本 ………………………………… 181
第9章 学术英语论文查重及降重 …………………………………………… 187
  9.1 查重的必要性 ……………………………………………………… 187
  9.2 权威查重算法及原理 ……………………………………………… 190
  9.3 降重的方法和案例分析 …………………………………………… 191
第10章 参考文献格式 ……………………………………………………… 195
  10.1 参考文献引用原则和要求 ……………………………………… 195
  10.2 参考文献的不同格式 …………………………………………… 196
  10.3 引文管理工具 …………………………………………………… 197
参考文献 ……………………………………………………………………… 204

第1部分
学术英语论文写前过程

第1章 什么是研究

何为研究？根据剑桥在线词典，"研究"的定义为，对某一主题的详细探究，特别是为了发现（新）信息或达成（新）理解。著名科学家爱因斯坦（A. Einstein）曾说过，提出一个问题往往比解决一个问题更为困难，因为解决一个问题也许仅是一个试验上或数学上的技能而已，而提出新的问题、新的可能性，从新的角度去看待旧的问题，都需要拥有创造性的想象力，而且标志着科学的进步。因此，研究通常是由问题开始的。具体而言，研究包括三个步骤：提出问题，收集用以回答问题的数据，给出问题的答案。学术写作就是从某种特定的学术语境下的问题出发，将"研究"的科学发现以书面形式描述出来的作品。

借用《爱丽丝梦游仙境》中一句幽默却无可辩驳的话给你一个警示，"只有我们知道自己要去往何处，才能提前规划路线，以此避免漫无目的，四处徘徊。"对于一位研究者来说，能学到什么，最终能否成功，却需要一份精细的路线图。因为这份路线图参考的是这条路上前行者们所留下的宝贵经验。在这一旅程中，研究者就好比侦探，需要具备心胸开阔的特征，收集证据，做好对研究发现和数据所揭示的事情感到惊讶的准备。

支持研究者发展的非营利组织 Vitae 发布的《研究者发展框架》（*Researcher Development Framework*）提出，优秀的研究者应该具备的知识、行为方式和属性，共分为4个维度和12个次维度。其中，知识与智力，以及个人效能这两个维度最为重要，因为，它们对初次进行学术写作的新手和富有经验的研究者同样适用。

(1) 知识与智力维度。

① 研究方法，理论知识和实践应用；

② 信息搜寻能力；

③ 学术读写与计算能力；

④ 分析能力；

⑤ 综合能力；

⑥ 思辨能力；

⑦ 评估能力；

⑧解决问题的能力；

⑨善于探索问题的头脑。

（2）个人效能维度。

①热情；

②坚持不懈；

③正直；

④自信；

⑤自省；

⑥责任感；

⑦准备活动和分清主次；

⑧时间管理。

学术论文写作的过程也包括在完成研究项目过程中培养这些素养和技能。对于研究者而言，如果在初次研究之后还将继续你的研究之旅，这个过程将会一直伴随整个研究。你会发现，这些素养和技能是值得我们大多数人用毕生的时间不断提高和精进的。

1.1 为什么学术英语写作这么难

对于初学写作的人或者刚读研究生的学生而言，学术英语写作的确具有挑战性。因为，高水平的研究是要突破领域现状的。可能根本没有明确的路线图，该往哪里走？应该在哪些过程路径中使用什么样的工具？即便当这些都确定后，该如何使用学术语言将其描述出来？这些都是完成学术英语写作过程中不能忽略的难题。

1.1.1 学术英语写作的语言

学术写作可以这样定义：是学术语境中从事学术研究，撰写研究报告、学期论文、书评、文章评论，以及学位论文等特殊写作目的的一种写作方式。随着全球化进程和信息化的飞速发展，学术交流和学习活动开始走向国际化，无论在哪种学术语篇写作类型中，学术英语论文都显得尤为重要。在学术国际化这一背景下，学生、专家、学者，以及教育工作者都有必要了解和掌握学术交流与研究方面的英语文体写作，因为被人们孜孜不倦追求的语言能力及思维能力都在这里得到了最好的体现。

然而，很多初学者认为学习英语都已经很难了，要用英语产出学术语篇岂不更是"蜀道之难，难于上青天"？还有一些学者对英语语法、词汇和语义表达都不擅长，认为这些是学术英语写作的绊脚石。但是，当经历了一次又一次学术英语写作的练习和海量学术文章习作的阅读，会发现高中英语的语法知识已经足够应对任何写作。在大学本科生和研究生阶段的词汇量会不断地提升，这些不断增长的词汇量会支持不同阶段的学习者理解大部分的学术文献，因此用来进行学术英语写作足够了。有不少研究者发现学术英语论文用词简单易懂，也尽量采用简单、避免歧义的句型，而非复杂度很高的用来表现个人的才华或者博学的句型。

学术英语写作是一个学习过程，而非结果。学术写作是从某个研究主题找到信息，形成学术观点，并将思想和见解与他人进行交流的一个过程，无须匆匆完成这个过程，而是要在学术英语写作过程中发现对某个研究领域产生的新观点、新思想和新洞见。很多人在投稿的时候，担心自己的英语水平不够高，并且寄希望于他人把自己的文章提升到更高的一个层次。这其实是一种误解，学术英语写作的重点在于文章的谋篇布局，语言承载的逻辑性、连贯性、丰富性，是吸引读者一直读下去的关键，这是考验作者"真功夫"的，如果没有专门经过长时间的专业训练，即使英语母语者进行学术英语写作也一样感觉非常困难。总之，学术英语写作的困难并不在于语言问题，而是来自写作本身。在写作之前可以先做一个自我测试，见 Table 1.1。

Table 1.1　Self-evaluation

For each statement below, circle the word which is true for you

1. I understand what academic writing is	Agree	Disagree	Not sure
2. I understand the purpose of essays	Agree	Disagree	Not sure
3. I know the academic meaning of instruction words in essays	Agree	Disagree	Not sure
4. I can find key words in essay titles to help me understand what I am expected to write	Agree	Disagree	Not sure
5. I can analyze the structure of an essay question to give a full answer and include the right information	Agree	Disagree	Not sure
6. I know who to go to at my university if I need advice about an essay	Agree	Disagree	Not sure

对于大部分中国学生而言，学术论文用英语来书写和表达仍然是一大难题，

尽管现在有很多"助攻"的智能翻译软件,但要准确描述学术研究的内容仍然需要作者拥有扎实的英语语言功底。因为,学术英语写作对于英语的精准性要求相对比较高,如专业术语、单复数、时态、从句等有助于精准描述所研究的内容。但是,就语言本身而言,有些多义词、歧义词的出现会成为作者清晰表达的难点。

(1)歧义词。

在英文中虽然不像汉语一样存在分词不清而引起的歧义错误,但是英文的一词多义,通常也会影响学术英语写作表述的精准性,例如,"bank"意为"河岸""银行"等;"break"既可做名词表示"休息",也可做动词表示"打破"。写作中这些多义词在多数情况下,可以根据上下文辨认词义和词性。问题更多地出现在意思相近的近义词的选择。例如,在电影《当幸福来敲门》(*The Pursuit of Happiness*)中,小男孩让爸爸带他去游乐场游玩,爸爸说"possibly",小孩却不高兴了。爸爸问他为什么不高兴,小孩回答说:"probably means yes, possibly means no."的确,母语者在很小的时候就能理解两个同义词的细微差别,但对于非母语者这是很难感受到的。从这些简单的例子中,可以了解到用英语写作的中国作者,大部分都没有长期在英语文化中生活过,一些词的潜在含义很难被辨别,因此这些词汇对写作会造成一定的困难。

这里有两点建议可供参考。首先,可以通过查阅词典来查询词义,尤其是英英字典,或者英汉双语字典,英文的解释比中文的翻译能提供更多有助于精准理解的释义。其次,可以通过语料库来寻找各种意义相近的词,然后根据上下文的语境来了解这些近义词是如何被使用在正向或负向事件的描述中,语料库的使用有助于更好地理解词的微妙含义和使用情景。

此外,有的作者采用汉语写作后,再用翻译软件将学术文章翻译成英文,这个过程语言在一定程度上会损失精准性。例如,"autism"到底是译成"孤独症"还是"自闭症",内地和中国港台地区就有些差异,在内地一般将其称为"孤独症",因为这个词正好准确地描述出了孤独症孩子孤独、冷漠、疏离的状态,其实在临床医学中孤独症是一种神经发育问题;而在中国港台地区沿用"自闭症"。"自闭"这个词容易让人联想到内向或类似性格特质,让人认为其是一种心理或性格问题,这种翻译会容易让人产生误解。因此,学术英语写作中用词及翻译都是要非常考究的。

总之,在学术英语写作中,要尽量做到用词精准,避免使用可能引起歧义的词汇,平时在阅读、写作中都要下功夫研究同义词、近义词之间的微妙差异,以便在具体的情境中准确用词。

(2)术语语义不明。

术语语义模糊也是一种常见的语言问题。学术英语论文写作的语言与其他文体的写作截然不同,不需要像文学作品那样充满文学魅力,而是要力排歧义,使所表达的意思清晰明了。含糊不清的语言、生涩的描述、多种语义等都是学术英语写作的大忌。例如,下面这段话,第一次阅读时会感觉很晦涩,究其原因是段落中的几个术语,作者都未给出明确的释义,使得术语语义不明。

As actual actions in Experiment 2, self-graduated actions entail the generation of a forward model that enables <u>the prediction of the system</u> along with its <u>sensory consequences</u> (Wolpert & Ghahramani, 2000). Hence, it is through this process that they may garner a "sense of agency", as reflected by the product of self (Firth & Wolpert, 2003; Shergill, Samson, Bays firth & Wolpert, 2005). <u>Otherwise</u>, a number of neuroimaging studies have shown that the process of imagining own action shares the same system that governs the actual action production (Grezes & Decety, 2001; Hétu et al., 2016). Therefore, such a process in Experiment 3 might also generate the agent of an action and allow one to predict future <u>action effects</u> even if they don't actually perform the action.

阅读完这个段落后,会感觉单词都认识,但似乎没看懂什么意思。其中,"the prediction of the system""sensory consequences""otherwise"及"action effects"这些词汇的使用都让人心生疑问。之所以出现这种问题,是因为作者假设读者与他拥有一样的知识储备,没有很好地交代术语的语境和精准定义,并给出具体的例子,因此导致了写作的模糊性。这一段可以修改成:

In Experiment 2, the self-graduated actions could entail the generation of a forward model that enables <u>the connection between self and the self-related object</u> along with its sensory consequences (e.g., visual signals, proprioceptive signals) (Wolpert & Ghahramani, 2000). Hence, it is through this process that they may garner a "sense of agency", as reflected by the product of self (Firth & Wolpert, 2003; Shergill, Samson, Bays firth, & Wolpert, 2005). This explanation can also be supported at the neural level: a number of neuroimaging studies have shown that the process of imagining own action shares the same system that governs the actual action production (Grezes & Decety, 2001; Hétu et al., 2016). Therefore, such a process in Experiment 3 might also generate the agent of an action and allow one to predict consequences of action even if individuals don't actually perform the action.

为了避免读者难以理解原文中模糊的术语，一个好办法是给出一个可能的模糊术语时，马上给出精准的解释，并列举说明，同时，尽可能避免出现低级的语言错误、语法错误、格式错误或语言的倾向性问题。再举出几个学术英语论文中出现的问题及修改后的例子：

To test whether the two groups showed different accuracies in audiovisual congruent trials of the two conditions, we compared their accuracies of these trials in the two conditions separately using Mann-Whitney U test.

这个例子中让人不解的是：究竟是"two conditions"不一样还是"two groups"不一样，且这整句话显得很啰唆。

修改后：

We used a Mann-Whitney U test to test the group differences in the accuracies in congruent trials of the two conditions.

修改后的句子"test the group differences"就不会出现歧义了，明确是指两组间的不一样。由此可见，在学术英语写作中，与"different"相关的词需要慎用，若使用时，要仔细核对句子是否会造成歧义。

(3)代词指代不明。

另一种常见的语义模糊类型是代词指代不明。比如下边这段中的两个代词：

Therefore, such a process in Experiment 3 might also generate the agent of an action and allow one to predict future action effects even if they don't actually perform the action. It has generally been assumed that the overlap between actual action and virtual action is due to the activity of mirror neurons, which can serve a self-other matching function for action coding (Oberman & Ramachandran, 2007; Rizzolatti & Sinigaglia, 2016; Williams, 2008). Interestingly, in Experiment 1, children also observed the experimenter place the card in a basket. This raises the question why it cannot help strengthen the self in children with ASD when they observed another's moving actions.

在这个段落中用下划线标识出来的两个词，"they"指的是谁？"it"指的又是什么？这些都是代词指代不明的问题。将这一段可以修改为如下段落的表达：

Therefore, such a process in Experiment 3 might also generate the agent of an action and allow one to predict future action effects even if individuals don't actually perform the action. The overlap between actual action and virtual action is considered to result from the activity of mirror neurons, which can serve a self-other matching function for action coding (Oberman & Ramachandran, 2007; Rizzolatti & Sinigaglia, 2016; Williams, 2008). Interestingly, in Experiment 1, children also observed the experimenter place the card in a basket. This raises the question why merely observing other's action cannot help strengthen the self in children with ASD. The most reasonable explanation is that children tend to process the action performed by others from the third-person perspective.

另一个困扰学术英语写作的因素是语法。虽然,有人会对这个因素嗤之以鼻,认为经过高中阶段英语的学习,通过高考,大家对语法了然于心。然而,当用英语写文章时,仍会存在诸多语法错误,问题主要集中在名词单复数、第三人称谓语动词、时态以及一些词性的错误使用等。这些错误通常是显而易见的,但还有一些不明显的错误,如形容词的正负性问题,具体看以下例子:

"great impairment in face recognition",这里的"impairment"是个负面词汇,"great"是个正面词汇,将二者放在一起并不妥当,因此,这里可以将"great"改成"severe""profound"或"fundamental",其中"severe"是负面词汇,常用于形容"impairment";"profound"和"fundamental"是较为中性的词汇,既可以形容正面的事情,也可以形容负面的事情。

此外,介词缺失或误用、形式主语与实际主语不一致和冠词错误使用等问题也常有出现。具体见下边几个例子:

① "apply the scholarship" "reply the email" 的问题就在于缺失了介词"for"和"to";

② To compare the differences of the percentage of recurrence between groups, each participant's percentage of recurrence at different time lags was subtracted by their baselines to make the average percentage of recurrence in the ASD and TD group comparable.

这句话的问题是形式主语应该是"we",而不是"participants",因此,在学术英语写作中应尽量用主动语态,以避免出现这类问题。这句话可以修改为

To examine the differences of the percentage of recurrence between groups, we subtracted each participant's percentage of recurrence at different time lags by their baselines to make the average percentage of recurrence in the ASD and TD group comparable.

③ Based on previous research, we expected that...

这个例子出现的是形式主语与实际主语不一致的问题,是论文中常见的问题,可以将其修改:

Based on previous research, the current study was expected to...

其中冠词常会被忽视掉,虽然不影响对文章的整体理解,但也是语言使用不够准确的典型问题,如果是一个单数可数名词出现,一定要加上一个不定冠词(a/an)或者定冠词(the),如果是复数名词,就要看其是泛指(不加 a/an)还是特指(加 the)。

1.1.2 学术英语写作的障碍

对于初学学术英语写作的人而言,写学术论文非常痛苦,即便创作出论文投稿后也常苦恼于审稿人提出的诸如"没有创新""讨论肤浅""写作逻辑差"等评语。很多人开始认为学术英语写作水平很难提高,即使看了很多关于学术英语写作的书籍,也依然写不好一篇文章。对于非英语母语的学生及研究人员来说,主要有以下几方面原因。

第一,缺乏高质量学术英语论文写作的基本撰写思路。初学学术英语写作的人在中小学、大学本科阶段只进行过创意写作训练,即便到大学本科阶段的写作训练也偏重研究设计、数据处理等方面的训练,脱离学术英语写作实战训练,即便规则掌握得再好,写作思路也是含混不清的,不知道如何对结果进行讨论分析,导致论文缺乏深度。所以,对于学术英语写作而言,借鉴过程写作观,这是一个有交际目的的、复杂的、非线性的过程,强调学术英语写作构思、起草、修改、编辑等过程环节的反复多次的交互活动。借鉴系统功能语言观,在关注写作过程的同时强调对意义的关注,使作者的初始想法不断得到提炼和发展。

第二,缺乏清晰的专业领域划定,选题超出范围。虽然人类知识是一个整体,但是,想要学术英语论文能够发表,是要有清晰的专业领域划定才能实现的。就目前而言,跨学科或交叉学科的研究是值得提倡的,可以选择本学科和其他学科的交叉研究,但却要立足于一个核心的专业领域,如果将本专业领域的选题与毫不相关的领域结合在一起,那么,学术论文研究起步就步入了歧途,也就意味着选题超出范围了。出现这种问题,学术论文就与发表无缘了。例如,你的研究领域或方向是信息管理,可以在问题的研究过程中使用计算机学科的相关研究成果,如数据可视化、机器学习或者深度神经网络,但是如果你的研究只是帮助了计算机科学改进底层算法,或者做了更为先进的开源计算机操作系统内核,那么即便你的研究贡献再大,学术论文投稿到信息管理领域的学术期刊也很难被录用发表。因此,在进行学术论文写作准备过程中,需要清晰地了解学科的边界到底在哪。最主要的方式是咨询导师或者领域内的专家,以及阅读大量本领域的文献来感知学科边界,避免选题超出范围。

第三,缺乏正确看待学术研究目的的可靠性。对于作者而言,写论文都需要提出一个新问题。所以,研究人员都要搜集能够回答这个问题的相关信息和资料。然而,根据各自的研究目的和经验,研究人员会以不同的方式使用这些资料。对于读者而言,只有通过阅读论文才能接受作者的观点,因此,作者必须将研究成果通过学术语言写出来,并公开发表才能得以实现。大多数研究者都想让读者了解更多他所研究的相关内容,而不只是已有的资料内容。那么,研究人员还需要寻找关于该研究主题更多的资料,即那些可以用以为证的东西,以帮助检验和支持研究人员回答该主题的某个启示。例如,为什么过程写作教学法会提高第二语言学习者的写作水平?资深的研究者很清楚,不仅要让读者相信研究成果是合理的,也必须让读者充分认识到提出的研究问题是有价值的,这些问题的答案能帮助读者以新的方式理解某个更重大的主题。假如,读者能够搞清楚为什么过程写作教学法能提升第二语言学习者的写作水平,接下来就能够提出更宏大的问题:不同的第二语言教学法如何提升不同第二语言水平学习者的语言能力?

如何检验自己的思维是多么接近一位资深的研究者?

首先,可以用一句话描述自己的研究,"我正从事有关……主题的研究……"做研究的人通常以一个简单的主题开场,也许该主题还有什么困扰着研究者,或者研究者只是对此感兴趣。即便掌握的资料再多,等动笔写的时候,只是简单地把所有资料堆砌一起,读者读起来就在彩袋里摸出混杂着随机出现的各种事实。读者即便对这一主题感兴趣,却不知道这些资料叠加起来能说明什么。

其次,更资深的研究者通常不会只用主题来开场,而是会先提出一个研究问题,可以用一句话描述,"……因为想弄明白如何(how)以及为什么(why)……"因为,只有给出的资料可以作为论据支撑该问题的答案时,读者才会去思考这些事实叠加起来意味着什么。作者只有带着问题去寻找论据,才会知道应该寻找什么资料和保留什么资料——不仅包括可以支持论点的材料,同样还有用以检验甚至质疑论点的材料。只有当作者清晰地认为论据足够支持论点,对那些看起来和答案相抵触的资料做出回应时,作者才可以先写出一份学术研究报告作为自我检验,与他人分享,让他人对报告进行检验。

最后,成功的研究者能更清晰地了解读者想知道的不仅是一个合理的答案,更想知道这个问题为什么值得一提。因此,研究者能够预见读者会问,"那又怎么样?为什么要关心……的问题?""那又怎么样"的问题甚至会困扰最资深的研究者。然而,每一个研究者都要在读者提出这类问题之前尽量给出解答。可以用一句话描述为:如果弄清楚这个问题,就可以更好地理解更为宏大的问题,为什么过程写作教学法能提升学生的第二语言的写作能力。成功的研究者明白,只有在再次发问之前,给出的答案已经可以令读者不再追究,而是认为那是值得为之一探究竟时,读者才会对你提出的问题感兴趣。

事实上,学术研究论文提供给读者大多数的内容通常是人们对这个世界已经认可的知识。也许,很多人认为自己不会在学术领域有所建树,而是在商业或制造业等领域有所突破,但是研究在学术范畴之外和在学术范畴之内一样重要,在很多方面研究都是相通的。所以,当运用学术英语进行写作时,是在打造自己的认知世界,用以为某天能够担当重要的研究,或者也可能是对所有人来说重要的研究。

接下来,通过一个例子来体会学术英语写作的目的。

The purpose of essays:

Essays are common form of assessment, for example in disciplines such as economics, business, communication studies, law and education.

There are many reasons why academic essays are still the most popular type of writing. To demonstrate the purpose of essays, let's have a look at the difference between an ordinary question and an essay question.

> **Ordinary question**: Why did William of Normandy win the Battle of Hastings?
>
> **Essay question**: William of Normandy's victory at the Battle of Hastings has often been attributed to his large and well-prepared army. However, without strategy and good fortune, he might well have lost the battle. Discuss.

The answer to the ordinary question could be a list of items, in no particular order of importance. The essay question directs the writer more: the student has to mention the size and the preparedness of the army, describe

William's strategy and the fortunate circumstances, and decide how important these elements were for the victory. In order to come to a conclusion about this, the writer has to do research. This is indicated in the language: in the first sentence "has often attributed to" tells the student that there are a lot sources which she should look at to explain this point of view, and "However" in the second sentence suggests that there is also evidence available for a contrasting opinion. The word "Discuss" makes it clear that there are different points to be made, which should be mentioned and commented on, so that the writer can make a decision about which side she is on.

Clearly, a finished essay demonstrates more than just the knowledge, students were taught about a subject. The writers will have:

(1) found out much more than what they were taught in lectures and seminars.

(2) weighed up the evidence about different points of view.

(3) developed their own point of view.

(4) increased their knowledge and their depth of understanding.

(5) trained their memory to remember the important facts.

(6) undertaken activities that prepare them for their future profession.

By writing the information down in essay form, they will have:

(1) organized their thoughts.

(2) practiced and improved their ability to communicate in writing.

(3) shown awareness of the reader, of academic conventions and the way others write in their discipline.

Exercise

In the Table 1.2, match the instruction words in the center column with the correct academic meanings on the left. Some of the first and/or second dictionary definitions of the instruction words on the right may help you find their academic meaning.

Table 1.2

Academic meaning	Instruction word	Dictionary definition
A. state similarities and differences, draw conclusions about them	1. show	to make, be, or become visible or noticeable
B. point out weaknesses and strong points	2. compare	to regard something as similar to examine in order to observe similarities or differences
C. demonstrate with supporting evidence	3. justify	to prove to be just, valid or reasonable
D. decide on the value or importance of a topic by giving reasons or evidence	4. consider	to think carefully about a problem or decision
E. give information but without going into details	5. criticize	to judge (something) with disapproval, to evaluate (study) or analyze (something)
F. give support for an argument	6. assess	to judge the worth, importance, etc., of, to evaluate
G. briefly and clearly describe the main points	7. indicate	to point out or show
H. give your views about topic	8. analyze	to break down into components or essential features, to examine in detail in order to discover meaning, essential features
I. give detailed reasons or say why something is the case	9. outline	to give the main features or general idea
J. break down a topic into its different aspects and look at how they relate	10. explain	to make (something) comprehensible, to justify by giving reasons for one's actions or words

1.1.3 学术英语写作的语言流畅性

另一个学术英语写作的大难题是语言的流畅性。在学术英语论文的语言表达中,对于流畅性,可以比喻成开车。大家都知道刚学开车的时候,平稳驾驶是非常重要的,不仅关乎个人人身安全,也关乎他人人身安全。比如,当看到远处的红绿灯时,需要缓缓踩刹车,而不是到了临近才一脚急刹车。在转弯时,要通过打信号灯的方式让别人知道你的意图,从而采取相应的措施。如果不能平稳驾车,那么坐车的人很容易晕车,还容易与其他车发生碰撞。"晕车"就是对读者读到不流畅文章时的一个很好的比喻。减速、打信号灯其实就是给读者的提示,在告诉读者"要转弯了"。学术英语写作同理,需要这样的提示,读者才不至于"晕车"。

有些作者误以为写学术英语文章很容易,不过就是"however, however, however...",只要文章中有诸多的连词出现,就是一篇流畅连贯的文章。这种强行用连词来连接的做法就是典型的懒得理顺文章逻辑关系的行为,然而,真正连贯的文章是指语义上的连贯,即文章中语句的逻辑关系。请仔细阅读下面这一段英文,绝不会"晕车",反而会有一种一路通畅的感觉,因为这个段落呈现了教科书式的语义连贯性:

①Several studies have shown that, when students feel an anxious desire to perform at a high level (i.e., performance pressure), they <u>worry</u> about the situation and its consequences. ②These <u>worries</u> compete for the <u>working memory</u> available for performance. ③<u>Working memory</u> is a short-term memory system involved in the control and regulation of a limited amount of information immediately relevant to the task at hand. ④If the ability of <u>working memory</u> to maintain task focus is disrupted because of situation-related <u>worries</u>, performance can suffer.

这几句话在意义上环环相扣、紧密连接。具体剖析一下这段话的流畅性体现在哪呢?通读后了解这一段在讲学生的情绪如何影响学业成绩(performance)。句①讲到学生的担忧(worry),句②紧跟着解释这种担忧会带来什么后果——"compete for the working memory",当提出了"working memory"这一概念时,作者在句③中马上对这一概念进行了解释,然后,句④中再重回原来的主题。你是否认同这一段话是非常流畅的呢?答案显而易见。

实际上,就日常的交流而言,说话时的逻辑是非常跳跃的,常会从一个观点跳到另一个观点。然而,对于学术英语写作而言,作者是单向地向读者表达自己的观点,因此,需要站在读者的角度,想象一下从一个概念到另一个概念转换时是否足够顺畅,在行文时多问自己几个问题:这句话想表达的主要意思是什么?一句话中的两个分句之间的关系是什么?前后两句话的关系又是什么?

要想确保学术英语写作论文的流畅性,可以借鉴戈鹏教授在《结构感》中对流畅性的阐释,其中,最重要的内容之一是如何将句子连接起来。首先,先介绍一下着重点(stress points,SP)。它是指将描述的重点放在句子的后半部分,即重要的信息放在句子的后半部分。其次,借鉴戈鹏教授提供的框架——用每个句子的主语连接上一句的着重点,即是"subject 1 + verb 1 +SP 1. Subject 2+ verb 2 +SP 2",其中,SP 1 和 Subject 2 产生意义上的联系依次类推。在写作实践过程中虽然很难做到每段话都写得非常连贯,但是在不影响主要意思的前提下,应尽可能做到调整好句子的逻辑结构,形成更好的上下句衔接。厘清句子之间的关系,是需要作者仔细思考每一句话之间到底是如何产生联系的,并且要从读者的角度去想清楚真正要表达什么,要确保所写的每一句话都是有机地联系在一起,并且每一句话都能服务于写作目的。

请再仔细揣摩一下下面的这个例子:

The proposed research is an attempt to take on an age-old question—the relationship between language and thought. According to one influential school of thought, the ability to think is constrained by the expressive power of the language. "Linguistic determinism", also known as the Spair-Whorf Hypothesis, is popularized by the controversial claim about the larger number of snow-related words in Eskimo languages.

A serious test of the Spair-Whorf Hypothesis, however, requires more complex cognitive skills than naming snowflakes. Counterfactual reasoning, the ability to think about things that have never happened and would never happen, provides a unique test case. By its very nature, impossible without using language. Languages, however, vary in how explicitly and how consistently they signal counterfactuality in their surface structures. For example, the sentence "if I were the U. S. President, I would think before I spoke" clearly conveys the sense that the speaker is not G. W. Bush. This is done by using the past tense to talk about resent events, thus marking the fantasy with the "subjunctive mood". In fact, counterfactual statements are fairly consistently expressed with subjunctive mood in English.

仔细揣摩这两个段落后,会发现句子与句子之间的连贯性基本符合戈鹏教授的句子结构框架,这些加下划线的语句所表达的语义因句子的结构而产生了很好的衔接,关系非常清晰。句子衔接连贯是考验作者思维缜密的重要一环,也决定着读者是否并不"晕车"地接纳和认可你的学术英语论文。

接下来,再看下边的例子是否连贯,问题出在哪里?

(1)① To provide a more comprehensive measure of Theory of Mind (ToM) development, Welman and Liu (2004) introduced a ToM Scale, which assesses multiple milestones in ToM development. ② Five tasks with closely matched linguistic and procedural demands were included in the scale, namely: A,B,C,D,E. ③ As shown in Table 1, different ToM developmental sequences were found across different cultures (and micro-cultures, in the case of Indonesia) for typically developing (TD) children, as well as children with Autism Spectrum Disorder (ASD).

存在的问题:句①与句②衔接不紧密,句②应该用"this scale"来衔接句①,句③本来是可以衔接句②的,但是很可惜插入了"As shown in Table 1",使两个句子割裂了。

改为① To provide a more comprehensive measure of ToM development, Welman and Liu (2004) introduced a ToM scale, which assesses multiple milestones in ToM development. ② <u>This scale</u> includes five ToM tasks with closely matched linguistic and procedural demands: A,B,C,D,E. ③ Different ToM developmental sequences were found across different cultures (and micro-cultures, in the case of Indonesia) for TD children, as well as children with ASD, <u>as shown in Table 1</u>.

(2)① ToM refers to the ability to understand one's own and others' beliefs and mental representations of the world (Premack & Woodruff, 1978). ② For typical developing TD children, consolidation of this ability starts around the age of four years (Happé & Frith, 2014), and understanding of complex mental states continues to develop throughout adolescence (Vallle et al., 2015). ③ Baron-Cohen, Leslie, and Firth (1985) proposed that ToM deficits explain the weakness in social skills of children with ASD, a neurodevelopmental disorder characterized by impaired social interaction and communication (APA, 2013). ④ This hypothesis was later supported by a series of empirical studies, which showed that children with ASD perform more poorly than TD children on a variety of ToM tasks.

存在的问题:句①从"ToM"的定义直接就跳到"typically developing

children",所以需要调整句②的顺序,以"this ability"作为开头,来与句①衔接。句③和句②衔接不紧密,从"ToM"的发展直接就跳到作者的名字。句④和句③衔接的也不够紧密,从孤独症的定义又跑到"hypothesis",然而句③并没有出现"hypothesis",这会让读者非常晕,不知其所云。因此,需要调整句③的顺序,使其能够上接句②并且下接句④,在其前加上"A lack of"来呼应句②,到最后点出"hypothesis"来呼应句④。

改为① ToM refers to the ability to understand one's own and others' beliefs and mental representations of the world (Premack & Woodruff, 1978). ② Consolidation of this ability starts around the age of four years in TD children (Happé & Frith, 2014), and understanding of complex mental states continues to develop throughout adolescence (Vallle et al., 2015). ③ A lack of ToM could account for the impairments in social skills of children with ASD, a neurodevelopmental disorder characterized by impaired social interaction and communication (APA, 2013), according to the Theory of Mind Hypothesis of Autism (Baron-Cohen, Leslie, & Firth 1985). ④ This hypothesis was later supported by a series of empirical studies, which showed that children with ASD perform more poorly than TD children on a variety of ToM tasks.

通过以上两个例子的解析,一定会明白为什么很多人写不好学术英语论文了,会重新认识语言流畅性对于学术英语写作是多么的重要。总之,对于作者而言,虽然学术英语写作是个人完成写作的过程,但是在落笔时,永远不要忘记多从读者的角度来考虑合适的句子结构。具体而言,可以遵照以下五条规则来确保学术论文的流畅性:

(1)读者预期英文句子中的动作应由动词来表达;
(2)读者预期英文句子讲述最先出现的是人/物的故事;
(3)读者预期谓语要紧跟着句子的主语;
(4)读者预期在着重点读到作者想要强调的内容;
(5)读者预期句子一开始的内容与前面的一句话有关联。

这里不再逐条对每一条规则进行解释,详细内容可以阅读易莉教授所著的《学术写作原来是这样》一书。虽然语言流畅性对于母语是非英语的作者而言仍然有难度,但是根据这几条规则进行学术英语写作实践和字斟句酌后,相信你的逻辑思维和写作质量都会有突飞猛进的提高。

1.2　学术英语写作的习惯

学术英语写作中写作习惯或者称作时间管理也是值得注意的问题。学术英语写作几乎是科研过程中最容易产生拖延的一个环节。当无法动手起草第一稿时或者只艰难写下区区几行时，可能是遭遇了写作障碍。这通常是因为遇到以下问题：

(1) 被难住了，因为没有目标或目标太高；
(2) 觉得写作任务的规模达到不知如何入手的地步，因而胆怯了；
(3) 想将每一句每一段都做到完美，再进行下一阶段。

这些问题即是每个初入研究领域的作者都会遇到的写作障碍，久而久之可能会养成不良的写作习惯。

另外，写作需要自控力，即便是经验丰富的研究者也要自律才能保证写作任务按时完成。写作必须是作者有意识地决定去做，并严格按照时间安排要求坚持到底。从事过写作的人的经历不同，有的人可以严格遵照时间表写作，有的人则必须保持安静、独立，写作时所有素材都要触手可及，也有的人需要有音乐声或佩戴耳机才能集中注意力写作。但是，无论属于哪种，都务必严格按照时间期限进行才行。只有这样，才能按时结稿，而不会半途而废或者延期完成学术论文。

学术英语写作是一次科学探索的过程。有的人认为学术英语写作是一次心情愉悦的旅程，也有的人认为学术英语写作是让人焦虑烦躁的心路历程。无论是哪种心境，情绪在学术英语写作过程中都非常重要。

如果面临较繁重的学习任务和较紧张的论文写作期限，可以阅读参考《文思泉涌》一书。此书的一项重要建议是采用每天小时写作的方法，即每天在一个固定的时段完成写作的一部分，每当完成规定时长的写作内容后，就结束当天的写作。这种方法有助于找到一种驾驭时间的感觉，使心境归于平静。正如《大学》中所讲："知止而后有定，定而后能静，静而后能安，安而后能虑，虑而后能得。"这种愉悦的写作节奏可以让人全情投入到学术英语写作中去。写作养成习惯的关键在于，提前规划好时间，不在高压下写作，不拖延完成，不追求每日大量产出，而是完成一定的写作量，力求保持心情愉悦的写作状态。

在学术英语写作过程中，作者要清楚自己写作的初心，本质是与读者分享令人激动人心的科学发现，并且乐在其中，而不是为了写作而写作，为了毕业、求职、评职称而写论文,那样的写作过程必定是痛苦的。建立良好的写作习惯是成功的学术英语写作的基石,以目标为导向,先定好完成学术英语写作论文的目标,再将目标细化到不同的时间段,每日按时完成既定好的写作目标。只有养成好的写作习惯,才能实现一篇又一篇学术文章问世,在写作能力不断提高的激励下,才能创作出更多更好的学术研究文章。

具体而言,准备起草学术论时,要养成富有成效的起草习惯。首先,准备一份常用概念术语列表,用这些关键术语来确保研究方向,这些术语应该贯穿整篇学术论文,反复检查使用这些术语的频率,包括贯穿全文及区分每一章节的术语;其次,按计划起草论文,找到最适合自己的方式起草,不论是慢工出细活还是任由文字流淌跳跃,都要严格按照计划时间成文,不受中间困难卡壳,或先完成后再修订,不要长期陷入个别章节中,消磨掉自己的灵感和兴趣。要做到为每个章节设定合理的文字配额,遵照执行;最后,对起草的内容进行回顾,看看是否适合这一章和整个论文,不断地自我反思。如,这一章支持的是什么论点?在整篇论文的逻辑中处于什么位置?那些关键术语表述的概念是否可以区别于其他章。总而言之,养成良好的写作习惯会让写作事半功倍。但不要用更多的阅读来代替写作,不要被大规模的计划吓到而失去勇气,可以将学术英语写作拆分成小的可实现的目标来克服写作拖延的坏习惯。正如老子在《道德经》中所言:"天下难事,必作于易;天下大事,必作于细。"尽管完成一篇英语学术论文并不容易,但可以尝试从容易完成的方面入手来解决写作过程中的困难问题,不能急于求成,要从容易、细微处入手,逐步推进英语学术论文写作直到完成。

值得注意的是,想要完成一篇具有科学价值的英语学术文章,阅读是必不可少的环节,阅读与写作应该并驾齐驱。因此,在写作习惯养成过程中,除了写作实践,还必须养成每天研读相关研究性英语学术文章的习惯,在阅读中发现问题,了解研究设计的展开,关注研究问题采用的方法、学术研究问题的讨论和得出的结论。不但在阅读中了解和掌握科学英语学术论文的写作范式,也可以掌握所从事研究领域的热点话题、研究热点及发现新的研究问题,这为展开个人学术英语写作无疑提供了坚实的基础。

以下列出的是英语写作过程中一些写作技巧作为参考。

When your academic research paper is assigned, estimate the time that each phase will require (Table 1.3). Set a target due date to complete each phase, and write it down in the first column. When you actually complete the phase, write that date down in the second column. Some phases, of course, will be accomplished simultaneously, and some will be accomplished in an order different from the listing below.

Table 1.3 Time table

Target	Due date	Date completed
Choose subject		
Begin exploratory		
Narrow subject to a topic		
Formulate tentative thesis		
Compile source cards		
Select main topics		
Begin note taking		
Prepare working outline		
Write first draft		
Revise first draft		
Write second draft		
Revise second draft		
Write final draft		
Proofread		
Double-check citations		
Submit paper		

1.3 学术英语写作的风格

作为一名大学生，可能会被要求写不同类型的学术文章，如学期论文、实验报告、书籍/文章评论、研究论文、海报等。要求写什么类型的论文取决于学科和所选的课程。通常，这些学术英语写作任务的格式和要求可能会有所不同，所以应该遵循教师给出的指导方针；向高年级学生咨询；在图书馆或网上搜索样本文章。

然而，不同类型的学术英语写作仍然有一些共同点。学术英语写作遵循一个基本结构：引言—主体—结论，所使用的语言应该是正式和有效的，引用资料有规则和惯例。因此,为了成功地完成各种英语写作任务,需要了解学术英语写作的基本原则,学习实用的技巧和策略,以写出一篇语言组织良好、符合学术英语写作风格和惯例的英语文章。例如,有的学生会这样写:"关于×××的研究琳琅满目/处处可见"。想必大家已经看出其中的问题了,这种写作中的成语应用的确为作文增色不少,但是放在学术英语写作中就会感觉"怪怪"的。这是因为学术写作(academic writing)和创意写作(creative writing)之间存在区别。

关于创意写作的定义,一些资料显示,创意写作是指除专业写作(professional writing)和学术写作之外的写作形式,包括诗歌、小说、散文、杂文等。由此可知,创意写作极大地依赖作者的创造力,讲究修辞手法的使用,讲究文学价值,如"小荷才露尖尖角,早有蜻蜓立上头""北国风光,千里冰封,万里雪飘"等诗词都表现了极强的画面感。而学术写作则是对某个领域学科或问题的研究和探索而进行的文字性表达,包括但不限于学术论文、研究报告、学位论文、成果论文、学术期刊文章和学术会议论文等写作形式,由某一领域的专家、学者构建起来。学术英语写作是一种使用正式的语言,用词精准和逻辑清晰的写作形式,以便读者理解和评估作者的观点和发现。学术英语写作最鲜明的特点是强调写作规范,所有写作的内容都有特定的格式,即学术写作应使用规范性语言;在语法方面,学术英语写作需要遵守特定的语法规则,包括文章写作规范和通常建立的学术写作惯例。目前,学术英语写作的两个主要规范来自现代语言协会(MLA)和美国心理学会(APA)。

请看以下关于通用英语和学术英语表达的区别中,见 Table 1.4。

Table 1.4 Difference between General English and Academic English

General English	Academic English
Lots of people think that the weather is getting worse. They say that this has been going on for quite a long time. I think that they are quite right. Research has shown that we now get storms etc. all the time	It is widely believed that the climate is deteriorating. It is claimed that this process has been continuing for nearly 100 years. This belief appears to be supported by McKinley (1997), who shows a 55% increase in the frequency of severe winter gale since 1905

根据上述例子,学术写作有一套自己的话语体系,并不追求文学效果,而是力求有条理、精准、简洁地表达一个科学观点,描述一个科学现象和发现,阐明背后的机制等。在学术英语写作中,所有表达的内容要清清楚楚,每一句话都最好不要有第二种可能的解读方式。对于读者而言,学术英语写作是一种交流,作者

在学术写作过程中不能忽视潜在的读者,由潜在的读者决定作者的写作形式。

  学术英语写作需要经过数年的专业训练才能入门,当作者能够掌握学术英语写作的风格和话语体系,经过系统的训练后其写作水平可以得到很大的提高。总之,学术英语写作应该使用正式的书面语言,既要清晰又要简洁,而且应该对讨论的主题采取客观的立场。在写作中,学术英语写作的整体结构是正式且符合逻辑的,各个部分连接起来形成一个统一的整体。段落与句子之间应该有逻辑性的联系,句子与句子之间要确保连贯并符合逻辑,并且使用专业术语来表达该学科的特定思想、概念或现象,以便读者能够理解作者的论点(Table 1.5)。作者从权威的角度调查研究问题,使用明确的语言非常重要。因此,学术英语写作需要遵守特定的语法和规则,如,以第三人称写作和保持客观的语气。除了遵守特定的语法,学术英语写作还要根据写作规范进行格式化,良好的结构段落和清晰的主题句,规范使用页面编号、注释和参考文献的格式等。

Table 1.5 Academic Writing Style

Features to Know	Conventions to Follow	Skills to Acquire
•Features of academic writing •Features of academic English	•Academic style in language •Academic style in organization •Format of introduciton, literature review, reference and abstract	•Summarizing •Evaluating •Paraphrasing •Sythesizing •Defining •Thinking critically •Paragraphing •Referencing

1.4 学术英语写作前期准备的问题意识

  学术英语写作动笔前最难的是如何提出研究问题。通常来说,做研究,就要有"问题意识"。问题意识是一种思维的问题性心理品质,表现为人们在认识活动中,经常意识到一些难以解决的、令人疑惑的实际问题或理论问题。因此,人们就会产生一种怀疑、困惑、探究的心理状态,这种心理又驱使个体积极思考,不断提出问题和解决问题。但是,问题的出现或发现要依赖于相对特定的情景,这个问题可以是"新"问题,是随着社会变革与发展而产生的,以现有知识体系无法解释或解决的问题;这个问题也可以是"老"问题,即那些已经做过大量研究的问题,可以以不同的理论、不同的研究视角、不同的研究方法加以新的诠释;这个问题还可以是"老"问题的新变化,随着社会的变化,一些原本存在的问题,其特性、类型、性质等发生了某种变化,以原有的研究成果难以解释。

在前期准备学术英语写作的过程中,作者会经历一个复杂的思维过程——"研究问题"的确定。具体而言,经历一个由研究领域到研究主题再到研究问题逐步聚焦的思维过程,这一过程是非常具有挑战性、探索性的思维之旅。首先,确定研究领域,即研究课题所在的学术领域。研究领域与学科有着紧密的联系,但又有差异。日本社会学家富永健一认为,"领域"是指认识和系统化对象的特定化,"学科"是指认识和系统化原理的特定化。一个对象领域可以由几个不同的学科从多方面进行研究,一个学科也可以研究各个不同的对象领域。那么,研究领域就是拟研究项目"对象范围"。然后,在确立研究"对象范围"的基础上,作者需要进一步将研究视野聚焦,确定"研究主题",即研究的主要方向和研究题目。一般来说,研究题目就是确定了拟研究的"问题"。但是,即便确定了一个题目,研究视角和研究方法也会有所不同,因此,还要进一步聚焦"研究问题",即究竟要解决什么"问题"。在真正开始写作之前,只有确立好了一个研究领域,经历了从一个由开放思维到收敛思维的历练,才能得到写作中的研究思路。

1.4.1 研究问题的选题从哪来

研究始于好奇心,大多数的研究兴趣多数来自自我疑问,例如,"为什么工作的某些方面会成功而其他方面却失败呢?""标准化考试的分数能在多大程度上反映某个学生的学业表现呢?"

在寻找选题之前,有必要思考"研究兴趣"这个概念。研究兴趣的意义,一方面,在于对某一研究对象的强烈兴趣或关注,因为兴趣和关注会成为驱动研究者开展研究的动因,即"为什么研究"(why)。另一方面,在于可以为找到研究的切入点提供必要的信息,即"研究什么"(what),必须不断澄清和界定"研究什么"的问题。

接下来,需要经过以下三个过程将研究兴趣转化为研究课题。首先,将研究兴趣具象化。为了明确研究兴趣,必须提供对研究对象更细节的描述。例如,"四季是怎样变化的"是一个日常生活问题,而"北极气流对加利福尼亚北海岸6月的天气有多大程度的影响"是一个可能的研究主题,那么这两个主题哪一个更易于研究呢。显然,只有如后者这样的具体问题才能作为研究对象。其次,将研究问题聚焦。通过简化和选择一个研究兴趣,并设定一个可以明确解析的对象,以及一个清晰的思路进行研究,即你的研究兴趣要专注于一个研究对象。例如,你可以试着自己辨析一下这两种问法,"为什么对学生产生学业倦怠问题感兴趣"和"对大三年级的中国第二语言学习者而言,理解特定的学术语言对他们的人文科学学习有什么影响",这两个问题的区别显而易见。最后,研究兴趣选择视角。通常情况下,日常生活中产生的想法都是从个人角度或立场出发,是出于对某个主题享有更多了解的个人需求。然而,学术英语写作的研究问题要从学科的角度或立场出发,应依据学术领域的研究需求而产生,要从具体的学术角度或立场来展开研究。

值得注意的是,在上述的转化过程中,要明白有效的研究既要综合展现现有知识,又要创造性地拓展这些知识,从而深化该领域的现有知识。"研究问题"的科研价值在于,当你宣称一个主张的时候,必须期待,甚至鼓励其他人提出质疑,不仅针对主张本身,还要针对是如何得出这个主张的。因为,学术论文中的研究主张是基于每个人都可以获得的证据及逻辑推理的基本原理,作者希望读者可以视之为合理而接受。这个"主张"(主题)不能被简单地理解为学术论文的中心思想。它是围绕研究兴趣开展的学术讨论的切入点,决定着研究对象,并限定了逻辑论证的必要界限。

1.4.2 研究问题的大纲如何列

带着问题意识将上述研究问题的主题确定好以后,要判断问题是否存在。界定问题通常要看经过努力得到的结果(现状),与希望得到的结果(目标)之间是否有差距。首先,需要了解两个概念。第一个概念称为非期望成果(undesired result),即由某一特定背景导致的某一特定结果,可以帮助你厘清研究问题的现状(R1)。第二个概念为期望结果(desired result),即"研究问题"是指不喜欢的某一结果(比如销售额降低),但是你想得到其他的结果(比如销售额提高),可以帮助你获得研究目标(R2)。这时,解决方案是如何实现从现状 R1 到目标 R2,这一过程可以理解为界定问题的连续分析法,如图 1.1 所示。

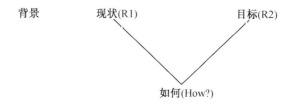

图 1.1 界定问题的连续分析法

这是一种解决问题非常有效的方法,有助于按逻辑顺序排列的问题寻找

答案:

  问题 1:是否有问题?

  问题 2:问题在哪?

  问题 3:问题为什么存在(产生问题的根源)?

  问题 4:你能做什么?

  问题 5:你应该做什么?

  回答问题 1 和问题 2 是为了界定问题,问题 3 是寻找产生问题的原因,问题 4 和问题 5 是寻找解决问题的最佳方案。本质上,当后期完成学术英语写作时,你会发现,问题 1 和问题 2 的答案就是文章的引言,问题 3~5 的答案就是整篇学术论文的思想、观点、论点和主张。此时,需要确定 4 个要素后才能界定问题,并由此寻找解决方案。这 4 个要素分别是:

  要素 1:切入点/序幕(starting point/opening scene)。

  要素 2:困惑/困扰(disturbing event)。

  要素 3:现状,非期望结果(R1,undesired result)。

  要素 4:目标,期望结果(R2,desired result)。

  此时,这 4 个要素确定后,不能掉以轻心,以为研究大纲就要横空出世了。展开研究问题的基本内容之后,下一步要寻找读者的疑问。当探寻完以上问题的答案时,研究问题大纲自然会跃然纸上,自此,你便寻找到了写作之旅的宝贵"地图"。

  最后,值得注意的是,要清晰地认识学术英语写作中的研究问题是指已有的现状与想要的目标之间存在的差距,这种差距并非凭空而生,而是来自某一背景,并在一系列特定的条件下产生的。因此,要了解问题的发展历史,这才是确定差距的性质和把握其重要性最基本的过程。

1.4.3 如何结构化分析问题

  有了上述研究准备作为基础之后,另一项任务是为了有效地找到研究结论和行动方案,作者必须有意识、有条理地去收集事实,得出符合逻辑的发现。通常情况下分析问题的标准流程是,收集信息—描述发现—得出结论—提出方案。这对于每一个作者和研究者来说都是要付出很大努力才能获得的宝贵"果实"。然而,按照这样分析问题的标准流程下来,也许收效甚微,很难从中得出有意义的结论。这是作者在进行学术英语论文写作过程中无法逃避的一个过程。那么,如何写出真正具有研究价值的学术英语论文?在芭芭拉·明托(Barbara Minto)的《金字塔原理》一书中,有一个行之有效的办法就是在收集数据之前对问题进行结构化分析,换句话说,就是要思考问题产生的各种可能的原因,之后收集资料,证明问题是这些原因或不是这些原因造成的。

那么,如何去找到产生问题的可能原因呢？若想探寻原因并进一步深入主题,必须认真研究问题所在领域的结构,即上面提及过的界定问题框架中的序幕或切入点。可以采用一种容易被人忽视的辅助方法——诊断框架。

在具体探讨如何使用诊断框架前,先看一个非常简单的例子。比如,牙痛但不知道原因,所以无法医治,如图1.2所示。

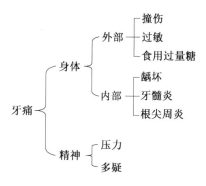

图1.2 使用诊断框架的一个简单例子

图1.2表明在设计诊断框架时,可以采用"相互独立,完全穷尽"的分类方法,分析出应该关注的要素或活动。通过逐项展开,就可以按照排除的难易程度对所有可能的原因进行筛选。为了找出产生问题的原因,可以进一步从呈现有形结构、寻找因果关系和归类分组这三种结构化分析的逻辑方式出发建立需要的诊断框架,具体内容可详见《金字塔原理》一书。

1.5 文献批评

在进行学术英语写作前期准备工作中,最难也最不可缺的一步是文献批评。在学术研究中的批评是指对于所研究领域的文献或著作加以阐释,它由一系列有理有据的论证组成,而论证则是源于对已有文献或著作的详尽分析和评估。因此,在准备学术英语写作前期要对有关研究课题的已有知识加以阐释,并探究这些知识是如何回答研究问题的。对于刚刚步入学术研究领域的作者而言,为什么会感觉学术英语写作难？主要原因是发表学术研究的成果一定是超越现有的知识,发现新的问题,对某一领域知识进行拓展并进行原创性的研究。这个新的问题将是"梦里寻他千百度""吾将上下而求索"的问题。

因此，当决定构思文献批评时，要问自己这样一个问题，"基于已有的知识，自己所提出的研究问题的答案是什么？"如果这个答案有幸是清晰的，并且经过了发现式论证的界定，那么就找到了文献综述的主题，就可以对有关主题的已有知识进行综合并总结出一个论点。文献批评不仅仅是支持已有知识，而是要"批评"得深入，必须寻找尚未解答的问题和只有通过新研究才能解答的问题，这个过程中必须以切实可信的论证来证实主题。

根据劳伦斯·马奇（Lawrence Machi）和布伦达·麦克伊沃（Brenda McEvoy）的《怎样做文献综述》一书，进行文献批评时，可以从以下六个阶段进行：

第一阶段：隐含推理。隐含推理是对论据进行逻辑阐释的过程，以便提炼出论点，导出特定结论。文献批评以已有文献中的论证作为命题式的论据，从而支持文献综述的论题。文献检索与文献批评通常会以"如果……，那么……"的形式先后出现。

第二阶段：将若干已经从文献中获得的诸多论点和文献批评结合起来，对得出来的一系列结论进行二度论证。论证强调逻辑地呈现论据并证明某个结论的过程。一般可以采用建立两类论证方案，第一类论证是发现式论证；第二类论证是支持式论证。前一类侧重讨论并解释有关研究对象的已有知识；后一类侧重对发现式论证中通过资料整合而获得的知识进行分析和评论，并解决研究问题。可以对两类论证这样理解：从本质上，发现式论证所得出的论断是中转性质的，连接发现式论证与支持性论证，构成论证后者的前提。采用链式推理试着连接这些相互关联命题，"如果这就是对这一主题的了解，那么根据研究问题，可以得出下述推断"。在链式推理如何构建"如果……，那么……"这一论证过程中是包括两次论证的，其中在文献研究环节是发现式论证，而在文献批评环节构建的是支持式论证。值得注意的是，发现式论证过程所得出的一系列复杂论断，是文献批评中支持式论证的基本论据。

第三阶段：论证模式。对文献批评进行论证时，选择正确论证模式的关键在于弄清楚研究问题所寻求的答案与文献研究得出的证据和前提之间的关系。可以问自己这样一个问题：如果前提是"关于研究问题，已有知识X"，那么能得出什么结论？在回答这个问题时，必须弄清已知前提与研究本身之间的关系：研究问题要寻找什么信息？已有知识能够如何回答这一问题？如何构建"如果……，那么……"的逻辑关联？为了实现论证目的，每一模式都有各自的逻辑规则和先决条件，可以参考安宁格（Ehninger）与布洛克瑞德（Brockreide）在《辩论决策》

(*Decision by Debate*)一书中的九种基本论证模式,见表 1.6。

表 1.6　九种基本论证模式

论证模式	逻辑规则	先决条件
从因到果	任何原因都必然导致某种结果(有因必有果)	证据中包含造成某种结果的直接原因的资料
从果到因	任何结果都必然是由某种原因导致的(凡事必有因)	证据中包含研究问题的有关案例导致某种直接结果的资料
从个体到总体	对于个体成立的命题,对于总体也成立	证据中所选择的个体具有代表性,能够代表研究问题所界定的总体
从总体到个体	对于总体成立的命题,对于个体也成立	研究问题所界定的个体具有代表性,能够代表证据中所指出的总体
预示	可变式的征兆、信号会先于事件与行为而出现	证据中包含某些征兆性资料,这些征兆预示着研究问题中某些行为或事件将会发生
平行案例	当存在两个相似案例时,对于第一个案例成立的命题,对于第二个案例也成立	证据中所提供的案例与研究问题所界定的案例足够相似,也可以视为平行案例
类比论证	如果两个事物相似,对于其中一个事物的结论可以假定为另一个事物也适用	证据中的案例(案例 A)所具有的性质能够有助于解释和澄清研究问题的有关案例(案例 B)中与之相似的性质
权威论证	一个人对某个问题知道得越多,对这个问题的论断就越真实	证据中所呈现的证词运用的是与研究问题所界定的案例相关的、可信赖的、专家的证词
结果-途径	一个结果可以直接归因于某种特定行为的执行	证据中所提到的特定行为将导致研究问题中所界定的某种结果

第四阶段:推理保障。为论点设计一个科学合理的论证方案是每一位研究者都极为关心的事情。当结束上述的隐含论证模式的阐述之前,需要再问自己一个问题:假定论证是以合理的隐含模式展开的,那么隐含模式合乎逻辑吗?作为研究者要正确地运用具有可操作性的逻辑规则,并在一些特定条件下正确地运用上述的推理模式。因此,必须满足两个前提条件作为证明该模式是否合乎

逻辑的保障条件。条件一是指选取的部分或个体必须是研究总体中正当有效的个体；条件二是指选取的部分或个体必须是研究总体的代表性个体，这里的"代表性"意味着个体必须具备总体的全部特征。只有在满足条件的情况下，才能确保论证的合理性。

第五阶段：谬误论证。作为研究者要时刻警惕谬误论证的陷阱。谬误论证是指导致错误结论或令人产生误解的论证。当缺乏确凿数据、论断无根据、产生不适宜或不连贯的论据时谬误论证就会发生。在论证中，常出现的两种谬误是草率定论和忽略其他解释。前一种谬误通常是研究者所做出的结论基于空泛的论据之上，也可能是对论据的评价不完备；后一种谬误就是研究者以偏见的眼光进行论证，未能足够深入地探究数据以寻找其他的可能性，没有恰当地去考虑其他可能的解释便得出结论。希望正在进行学术研究的研究者都能有效防范以上谬误论证。

第六阶段：获得行之有效的方案。学术论文方案的呈现、构建确凿的论证、展现清晰的逻辑，是文献研究和文献批评的主要任务，只有这样才能得到一个具有明确研究目的和可信度的研究方案。无论从事哪个研究领域，都必须经常反思自己是否正确地呈现了方案。因为，进行支持式论证的方案的质量决定着论文的质量。

第 2 章 什么是学术英语论文研究

第 1 章的开篇讲解，旨在为读者提供一个关于学术英语写作的全面印象。本章将详细解析学术论文研究的基本概念、研究目的，以及高水平学术英语论文的标志性特征。通过这些内容的分析，读者将能了解到一篇优秀的学术英语论文应具备的关键要素。只有深刻掌握这些要素，作者才能提高学术英语论文的整体质量，突出重点，最终实现顺利发表。写作被看作是一项有始有终的任务，通过一连串的步骤描述了一个无法预知和洞见的研究过程。写作过程中，作者不仅需要进行独立研究，还要学会应用和评价他人的研究成果。学术英语写作离不开对学术文献的深入阅读，这要求作者关注自己研究领域内的最新动态，不断阅读并评价相关领域的研究，通过辩证性思维来判断这些研究是否建立在可靠的证据和合理的推理之上。学术英语写作与其他创意性写作的根本区别在于学术英语写作必须有作者与读者共同认可的事实真理，独立于作者的个人情感和信仰。读者应能够认同作者论点所依据的证据及其推理过程。因此，对于学术研究者而言，学术英语写作的成功不仅取决于能否有效地收集和分析数据，更取决于能否用学术语言清晰地表达自己的分析和推理，让读者在接受其观点前能对其进行仔细的审查和评估。

2.1 研究者如何看待学术英语写作

对于初学学术英语写作的人而言，能够找到有用的文献是一项有用的技能，但这并不能保证成功完成一篇学术论文，还必须能够评估信息源，高效阅读，选择支持自己论点的材料，并做笔记。可以从两个层面来评估查阅的文献：第一，这些信息是否可信？第二，这些文献资料对自己的学术研究论文起多大作用？一定要认真思考这两个层面，因为这些查阅到的信息可能是准确的，但对研究并不一定特别有用；而不可靠的信息可能对于描述与某些观点相关的问题很有用。

对许多学生而言，如果从未被要求质疑所阅读的内容，那么第一个问题可能尤其令人畏惧。出版并不使某些内容成为真实的，或使某个观点有效。学生要学习如何判断来源的可靠性及从中提取相关材料。只有领域专家才能权威地判断一个来源的可靠性,但考虑以下两点有助于判断信息来源:一是值得信赖,二是与研究项目相关。此外,学术英语写作是技术性很强的工作,但有章可循。通过大量的阅读和写作训练,并在过程中不断改错,就有可能成为一名优秀的写作者。

关于学术英语写作很多人都存在误解。有人认为,科学家所做的是在一个与世无争的世界中探索人类科学前沿,写作仅仅是其中微乎其微的一面。但事实并非如此,好的作者不一定是一位好的科学家,但是好的科学家一定是一位好的作者。学术英语写作的核心是论证和逻辑。学术英语写作少不了描述精确的科学发现,进行有理有据的论证。以往的英文写作课,重点教词汇、语法,而对于内容的生成逻辑论证指导非常有限。

学术英语过程写作中第一个不容忽视的问题就是作者要考虑读者是谁,要学会从读者的角度写作。那么,学术英语论文的读者会是谁呢?通常情况下,文章读者可能是期刊的编辑或审稿人,导师或论文评审组的老师,也有可能是学术领域内从事相关研究的学者。因此,作为研究者在构思学术英语论文时,要练就一种能力——想象审稿人可能提出什么样的问题。有了这个能力,写作过程中就可以避"坑"。虽然研究不存在完美性,每个研究都不能穷尽解决所有问题,但是如果能提前从读者的角度想他们可能会提出的问题,那么学术英语写作内容会更具有严谨性,更能经得起别人的批评。

对于学术英语论文而言,读者基本上是同专业的人,或者试图进入该专业学习的初学者,或者想要了解该专业的跨学科专家学者。因此,研究者在学术英语写作中要有针对性地体现出以下原则:

(1)专业性和科学性。写作内容能够帮助领域专家了解你研究的意义和创新之处。所写论文需要在原有研究基础上增加新的知识。

(2)精确性。能够用精确的语言来描述科学事实,写作内容不应存在模糊不清或者歧义,能够使读者快速地理解科学事实。

(3)简洁性。写作内容通过简洁的篇幅表达出最精准的意思,这可以方便读者掌握论文的主旨,节省读者的时间和精力。

(4)逻辑性。构思学术英语写作内容时要思路清晰,文章具有良好的逻辑性,这样可以帮助读者迅速地了解科学事实。

2.2 研究者要问的几类问题

科研活动需要好的指引。对于初踏入科研领域的人来说,阅读英语材料十分重要。王树义老师在《对于科研人来说，英语该不该花力气学》一文中，着重强调了科研领域中研究者提升英语能力的重要性，不要仅满足于"知道"，而在于日有所学，日有所长，要尽早提升英语水平，等到真正需要写作时再临时学习就来不及了。

首先，选题是学术英语写作中最重要的工作。无论是刚入门的研究者还是已经入行已久的研究者，想完成一篇优秀的学术英语论文，选题是永远绕不开的写作过程，也是决定未来学术论文发表是否成功的重要基石。根据王树义老师的《学术写作五步法》一书，本节梳理一下如何选题，考虑清楚学术英语写作研究的目的。选题之初，最先要问自己要解决一个什么样的问题？是具体或抽象？这个问题应该具有什么样的价值和意义？这就要从"问题"入手。但仅仅依靠苦思冥想还不够，还需要追问自己研究问题是否具有可操作性。问题是从哪里来，到哪里去寻找其来源。通常，选题会从文献、数据、实践、协同和系统视角来探寻选题的方向。面对海量的文献，研究者常有种望洋兴叹的感觉，该如何入手呢？文献研究实际上是学者们跨越时空的对话，大家可以从现有文献的不足和展望中发现问题。然而，这些启迪可能是被审稿人和编辑放过的"未解决"问题，一种情况可能是在当前环境中难以攻克的问题，另一种情况可能是可以起草新的论文。可以从相似的研究文献中对比和分析不同研究者的结论，在 A 文献和 B 文献的冲突中，充分检验选题是否具备研究价值和必要性。

其次，论文生命周期（dissertation life cycle，简称 DLC）中常见的各个阶段，是一种完成一篇学术英语写作的普适性方法，这种方法要求先进行与选题相关的文献进行综述，再进行调查或案例研究等，具体见图 2.1。但这种方法在不同的研究机构可能会有所不同。要想顺利完成 DLC，需要具备该周期每个阶段所具备的熟练技能，即能够独立完成以下事情：

（1）完成一份可信的开题报告；

（2）引用各种与研究目的相关的资料，并对文献进行评估；

（3）对于一般的学术论文，需要对如何收集和分析研究数据进行解释；

（4）基于实践的研究，需要解释如何创作实践流程，如何收集与实践相关的数据，以及如何分析实践的可行性；

（5）展开实证研究；

（6）讨论并分析研究结果；

（7）圆满完成学术研究工作。

然而，DLC 并非是一个简单的线性过程，在各个写作过程中也不可能一帆风

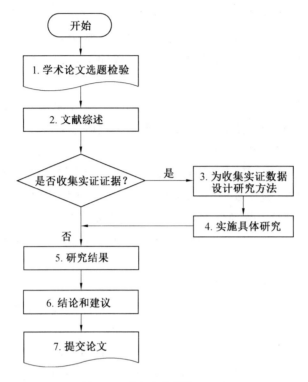

图 2.1 论文生命周期(DLC)

顺、畅通无阻。整个写作过程是一个迭代的过程，因此，研究者学习学术英语写作之初要习惯这种研究方法，即要不断地回顾和改进论文早期完成的部分。

除了与 DLC 特定阶段相关的技能，还需要具备一些通用技能，如时间管理技能、相关的组织技能、自律能力、口头和书面的沟通能力、倾听技能、演示技能、社交技能、技术技能和自主学习技能等。这里，时间管理技能和自主学习技能对于撰写学术英语论文的初学者而言格外重要。有效的时间管理是完成学术英语论文的强有力的保障，宏观管理要求在更大范围下管理时间，估计完成一篇论文需要多长时间，以确保能在要求交稿时完成论文；相对地，微观管理要求能够计算出完成每一部分写作内容需要花费的时间。只有以宏观、微观两种管理模式合理分配时间，才能确保对学术英语论文写作的掌控。此外，进行学术英语写作过程中，研究者从导向性学习向自主性学习的转变是非常重要的。研究者本人的职责是自主确定研究主题，提出研究选题可行性检验，计划和实施论文写作活动，主动与导师或其他研究者沟通交流，最终能够独立完成学术论文。从本质上来说，研究者要学会自己承担研究工作，学术英语论文写作从开始到结束都离不开研究者自身对研究问题的不断探索,直到可以用语言文字清晰表述出整个研究过程。尽管学术英语论文写作可能是一个孤独的过程,但具有自我激励、自信和专注自我的写作素养,可以使学术英语写作成为一段充满热情和好奇的探索之旅。

再次,学术英语写作离不开和文献打交道。如何有效地阅读学术文献,是逐字逐句进行阅读还是高效阅读?卡尔教授的文献高效阅读心法给出了很好的建议。此外,在阅读文献时,难免会遇到不明白的问题,又该怎么办?即便阅读了大量文献,提高了阅读文献的效率,但是对于科研文献而言,即便经过同行评审发表的文献,重要程度同样存在差异,质量参差不齐。学术英语写作质量取决于信息输入质量,只有读高质量的研究成果,才能站在巨人的肩膀上。因此,学会采用批判性思维选择与研究主题紧密相关的重要文献来阅读,是至关重要的。在浩如烟海的学术文献中如何高效地找到自己感兴趣并且质量上乘的文献,需要借助技术进步带来的力量,阅读辅助的优秀工具会带来令人意想不到的帮助,我们要学会使用这些阅读辅助工具来提升自我的文献阅读效率。

这些工作都完成之后,将真正进入写作阶段。很多初学者都是打开一个 word 文档,写下几行字,然后觉得不妥,反复精雕细琢,可能几天都还停留在几行文字的修改中,这种做法非常不可取。对于写作初稿而言,作者一定要挥笔而就,一气呵成。《快速完成论文初稿的最佳实践》一文可以帮助我们用一个周末把论文框架和初稿敲定。作者要从心态上先"立于不败之地",而后谋定求胜。

2.3 如何从研究主题中找到具体的研究问题

2.3.1 缩小研究课题范围

在学术英语写作语境的不同类型中,学术论文可能是其中最重要的一类。当准备一篇研究论文时,研究的是外部世界的一个主题或问题。可能在处理人类、物体或环境中的抽象现象,考虑可能影响人类行为、影响物体状况或改变所研究的抽象现象状态的背景、情况和因素。当然,我们的研究不能过于一般化,因为最终得到的结论要么是该领域其他研究人员已经知道了,要么没有应用价值。值得注意的是,研究者发表学术论文的目的是推进人们对某个细小领域的理解,增加新的认识,这意味着研究主题要落脚在创新性和重要性上。

在进行学术英语写作之初,应先确定选题。实际上,选题是始于研究问题的,且是一个有价值的问题,非常考验一个人的科研能力。选题要有强烈的问题意识,突出问题意识,关注社会热点、观点和理论前沿。当掌握了该研究领域的这些内容后,需要将选题与自己的研究结合起来,逐渐将宏观的、政策性的、战略性的选题转化为中观或微观的、带有实证性的、可操作性的选题。

大学的学科有很多方面,将主题分解为许多较小的子主题的有效方法是查看图书馆里提供的学科分类或者通过互联网查询《中国图书馆分类法》(简称《中图法》)。例如,在教育主题下,有"中国教育""中国小学教育""中国广东省小学教育等"。这表明,可以继续缩小研究的主题范围。对于研究标题,也可以有一个主标题和一个副标题,如"中国的外语教育:广东省大学生英语写作教学"。注意,不能给研究论文取一个很长的标题。

2.3.2 提出研究问题

学术英语写作选题时,一个重要的问题是确定题目是否具有研究的可行性,可以在酝酿研究计划的时候提出一些问题。根据克雷斯维尔(Creswell)提出的建议,可以提出以下问题:

(1)就时间、资源、数据或语料收集而言,该题目研究是否可行?

(2)研究者是否对该选题感兴趣,以确保在整个研究过程中给予研究足够的重视?

(3)该研究是否可以引起他人(如其他各类研究机构或者其他学者)的兴趣?

(4)该研究是否有机会发表在国际的学术杂志上?是否能引起某些权威机构(如学位授予委员会)的注意?

(5)该研究是否在其他研究的基础上填补了某项研究空白,拓展某一理论或方法的应用或建立了新的学术观点?

对于初入门的研究者可以针对以上问题咨询导师、相关领域专家或同学的意见,这将有助于判断自己的选题是否可行,避免后期学术研究步入"歧途",进而产生大量的边际成本。在此,要再次强调优秀的学术英语写作论文是建立在提出好的研究问题上的,研究者在这个过程中展示了其学习能力、批判思维能力及拓展思路的能力。

2.3.3 检验选题的准则

学术论文的选题要从新颖、独特的研究视角出发,突出预期研究成果的理论深度、前沿意义、原创价值或应用价值。无论哪个学科领域的研究者,选题都要能够充分发挥自身专业学科优势,设计出独特、鲜明、令人眼前一亮的选题。例如,可以从独特的地域、独特的时间、独特的研究方法、独特的调查人群等方面呈现出该科学研究对他人认知的拓展。判断选题价值时,首先,要考虑要解决的问题,是具体而科学的。其次,选题聚焦是值得注意的关键问题,是一个"炼题"的过程,要从多向思考中确立最合适的选题,例如,基于自己的研究兴趣,大量阅读文献,梳理最新文献,画出内容简图或思路图,或者结合未来的研究兴趣及奋斗目标,考虑有无继续挖掘研究的必要和可能。一旦选题聚焦,可以将其分解为3~4个关键词,再反复查阅文献,分析其关联点,汇聚完善几个研究板块,这时就会生成属于自己独有的新的研究思路、创新点,以及研究框架。

接下来,为确保后续能够顺利进入学术英语写作阶段,可以遵循以下基本原则来检验选题:

(1)积累性原则。主要从阅读、观察、思考、实践等方面积累有效信息,提高对信息的敏感性和获取性,采用联想移植的策略对各种积累的新信息融会贯通,从中酝酿最有价值的选题。

(2)创新性原则。主要从学科、理论、思路、方法、技术、应用等方面考察选题的创新度。

(3)价值性原则。主要考察选题对科学进步有无贡献,考察其对实际生活生产领域有多大的社会效益和经济效益。

(4)可行性原则。主要从理论基础、现实需要、主题思想、研究方法、条件保障等方面审视选题是否能实现。

2.3.4 选题"炼题"至具体研究问题的落脚点

如何"炼题"?好的题目必由磨砺而来。在前述内容的基础上,不断推敲学术论文的题目。题目是研究的文眼,要突显文中亮点,就好比瞳孔,是眼睛的关键结构。好的学术论文题目一着眼就会产生冲击力。题目虽要求新,但全由新术语组成会曲高和寡,让人不易理解。因此,关键词至少有1个新术语,但最好不要超过2个,这既能体现研究是在原有基础上挖掘出的创新点,又不至于晦涩难懂。

根据笔者的研究经验，欲求题目简洁明了，可将其视为追求术语化的过程，可以从以下方式"炼题"：

(1)一紧二缩三陌生。具体而言，"紧"是指词语之间非常紧密，去除虚词，如常用的连词、介词、助词。"缩"是指将较长的术语缩略，以求极简，简短的术语便于记忆、交流和传播，可以依托词化和语化的方法。词化是最基本的术语化手段，表现为单句和短语压缩为词；语化指单句或复杂短语简化为简单的词语，比如"保险金额"简化为"保额""对比与翻译"缩为"比译"等。"陌生化"指的是术语的语义或形式有异于常理、常形或思维惯性，主要体现形式是不用熟词或常规术语，例如"公示语"用"服务窗口语言"或"语言景观"代替，就可以使研究对象在陌生化中提升了。

(2)一动二形三褒贬。题目鲜明，才可基于陌生化而给读者留下深刻的印象。黄忠廉教授曾在其著作《人文社科项目申报300问》一书中提到命题是语言的艺术，言有所为，以言行事，以言成事。这意味着"炼题"过程中要充分运用语言的艺术。欲求题目鲜明，可以采用一动二形三褒贬的方式。动词可以彰显研究的动感，形容词可以表明研究价值和研究对象的性质，褒贬性的名词则代表了学术论文作者的立场。

2.4 如何谋篇布局一篇英语论文

学术英语论文应该如何谋篇布局，使得整篇文章的组织架构具有合理性和逻辑性？

2.4.1 如何平衡理想的学术研究和现实学术研究

理想的学术研究仅意味着接受挑战，查阅文献，然后想出办法，就可以开始研究了。然而，现实的学术研究是残酷而漫长的过程，在整个学术研究准备过程中，可能经历无数次从开始到结束再到开始的循环，直到在不断地探索中有一点意向发现，即学术论文中最重要的创新性和研究意义，其中创新性是最需要优先被考虑的。

到底什么是学术英语论文的创新性？创新性指的是研究者不是单纯地跟随或者重复别人的研究，而是要有自己独到的新贡献。易莉的《学术写作原来是这样》一书提到,可以从不同的层面来理解创新性——"me too"(我也是)、"me better"(我更好)、"me only"(我唯一)。下边将逐一分析一下创新性的不同层面。

对于审稿人和读者而言,学术界比较认可的一个重要的创新点是方法的创新。也就是说,研究问题是前人提出的,但囿于方法的局限没能很好地解决或者仅是解决了一部分问题,而你用了一种新的方法更好地解决了这个问题。方法的创新可以分为以下几种不同方式:

(1)旧范式新条件。发现在不同的条件下某一现象会有不一样的表现,这个条件可以是社会学变量(如不同教育背景的父母对孩子的影响),也可以是实验操作的条件(如启动条件对认知的影响)。这样的研究问题会介于"me too"和"me better"之间的级别。

(2)新的数据处理方法。随着人工智能和统计学的发展,很多新的数据处理技术应运而生。用这些新的数据处理方法来处理旧数据,可能会得出新的结论,解决新的问题。这样的研究问题属于"me better"级别的创新研究。

(3)新范式。采用一种全新的方法来研究问题(可以是新问题,也可以是旧问题)。为什么新范式一定更好而不是更差的方法,因为经典的研究方法是经过无数人验证和实践考验的方法,若新范式不是更好的方法,这个研究就没有必要做了。这样的研究可能介于"me better"和"me only"之间的级别。

(4)新问题。提出一个全新的问题往往会伴随着一种新的研究方法,这是属于"me only"级别的创新研究。其价值应该是非常重要的和需要被论证的。然而,提出一个全新问题也是有风险的,可能只有你想到了这个问题(这种情况相对较少),更可能的情况是别人想过了,但是觉得没有研究价值,所以没有进一步研究。对一个新问题,想清楚它的研究价值是极其重要的。

在进行学术英语写作前,研究者要了解科研中的创新必须是有意义的,创新是有边界的。研究意义通常分为理论意义和实践意义两个方面。理论意义通常指一项研究拓展了人类知识的边界,推动了科学的发展和知识的进步,加深了读者对特定领域的理论认识,发现了新的规律或原理,解决了一个现有理论中的争论,拓展了学科的边界等。而实践意义则指的是,一项研究能够解决实际问题和应对挑战或者如何改善人们的生活,其研究成果可以用于政策制定、决策支持、技术创新等方面。值得注意的是,科学问题的提出很多时候是为了满足人类的好奇心,因此一项研究的价值可以是纯粹的科学价值;而有一些研究领域,如社科领域的研究就要兼顾好理论和实践两方面的价值。

此外,在确定好研究意义时,一定要与前人的研究进行对比:一是解决了一个前人没有很好解决的问题("me better");二是解决了一个前人研究发现之间的矛盾;三是提出了新的研究问题("me only")。这样可以检验自己的研究是否具有研究价值和研究贡献。下面从一篇经典文献中来见证其讲故事的能力。该文献发表于 2017 年《美国精神病学杂志》(*The American Journal of Psychiatry*),其引言的写作构思值得我们学习。首先,该文章提出了一个非常重要的问题:孤独症患者是因为对眼部刺激不敏感,不能感受到眼部的重要社会意义(过低唤醒),还是因为对眼部的刺激太敏感而感受到了威胁而主动回避(过度唤醒),才导致不注视眼部呢? 对于这样一个重要的问题,前人的研究并无定论,研究证据有支持前者的,也有支持后者的。而这篇文章的作者则通过一句话使其研究价值升华了:

【原文】Distinguishing between these two hypotheses has critical implications both for treatment and for our mechanistic understanding of the condition. If gaze aversion underlies diminished eye contact in ASD, anxiolytics or behavioral interventions that increase exposure to others' eyes may be indicated to address social impairments. Alternatively, if gaze indifference underlies diminished eye contact in ASD, interventions aimed at enhancing social engagement and the reinforcer value of social interaction may be indicated.

【解析】作者在提出问题之后,通过这句话区分了两种机制之所以重要,是因为它们指向了不同的干预思路,这句话直接点明了这篇文章的理论价值和实际价值。

然后,作者设计了一个实验来验证这两种假设,并呈现了其分别对应的数据趋势,见图 2.2 中的(a)和(b)。如果前一个假设成立,则应得到图 2.2(b)所示的结果,如果后一个假设成立,则应得到图 2.2(a)所示的结果,最后结果(图 2.2(c)和图 2.2(d))支持了前一个假设。其实从实验结果观察,不难发现结果呈阴性,这意味着条件没有差异,这对于一般研究是最不希望得到的一类数据,但放在这样的框架下,这个阴性数据又显得那么合情合理。由这个例子可知,数据无所谓好坏,关键在于是否支持你的论点。

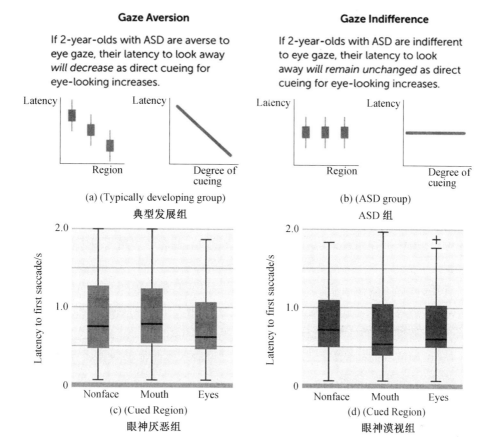

图 2.2 孤独症患者分组的假设和结果①

2.4.2 构建自己的学术英语写作金字塔

很多情况下，当要开始学术英语写作时，会遇到这种情况：只是大致知道要写什么，但是似乎头脑中却并不清楚具体想表达什么，以及如何表达。在这种情况下，可以采用"金字塔"结构来展开写作布局。首先，确保学术论文的金字塔结构顶端具备一个明确的主谓结构的句子，该句子应明确揭示论文的研究主题。遵照的基本原则即是，该句子将作为对读者心中既存在问题的回应。当在读者已知"研究背景"中出现某种"冲突"时，就会引发读者的"疑问"，而回答这个"疑问"即构成了撰写论文的初衷。

---

① 资料来源：Moriuchi, Jennifer M, A. Klin, and W. Jones. (2017). Mechanisms of Diminished Attention to Eyes in Autism[J]. American Journal of Psychiatry, 174.1:26-35.

《金字塔原理》一书作为学术领域的经典之作,其理论框架可以作为构建学术金字塔的理论基石。金字塔原理强调的是逻辑的清晰性,重点的突出性以及层次的分明性,它是一种逻辑性强、条理清晰、层次分明的思维模式和表达策略。具体而言,搭建自己的学术英语写作金字塔时,纵向上,可以采用自上而下或自下而上的"疑问—回答"式对话;横向上,可以采纳演绎或归纳式的推论,在金字塔顶端,想象与读者就其已知内容进行讨论时可能产生的问题,并以此作为学术论文的论点。遵循以下步骤,即可构建属于自己的学术金字塔。

步骤一:明确思维框架。

目标:在金字塔结构顶端列出所有待讨论的主题;

待解答问题:阐述所选主题可在读者心中引发的问题;

解答:提供解答(若已知),或检验自身是否能对问题作出解答。

步骤二:引言的步骤是正确的,经过深思熟虑的。

背景:针对主题做出简短陈述,并确定说法是正确的,确定读者会认同;

冲突:想象与读者进行"质疑—回应"式对话,预设读者对你的观点提出:"是的,我知道你说的,但是那又怎样?"的质疑,从而产生冲突;

质疑/回应:冲突将激发进一步的质疑,而问题应有相应的解答。

步骤三:找出关键词。

引发问题:说明由于最顶端的主题所引发的问题;

推理方法:用演绎法或归纳法的方式回答问题;

概念界定:如若以归纳法回答,对用于分类的核心观点,进行概念界定点明观点。

步骤四:构建支持论点的逻辑框架。

以一致的方式安排支持论点的结构,确保遵循前述金字塔结构的规则,保证任何层次的思想在逻辑上都属于同一层级;

任何层次的思想必须按照逻辑顺序排列;

每个层次上一级的思想应该是该层次思想的概括性总结。

一旦完成学术论文金字塔的建构,整个论文的谋篇布局就基本成型。此时要对搜集并分类的各个层次的思想进行严格审查。具体操作方法是:第一,仔细审视每组思想是否具有某种逻辑顺序,并确保未遗漏任何相关思想;第二,评估上一层次思想是否是下一层次思想的衍生、提炼与概括。这里值得一提的是,谋篇布局、组织架构学术论文时,逻辑顺序是确保论述合理性和说服力的关键要素。

第 3 章　如何高效阅读文献

很多初学者阅读文献时很认真,但为什么收效甚微呢?做研究是离不开学术文献阅读的,学术英语写作的基础也离不开学术文献阅读这一过程。但是,对于很多初学者而言,阅读学术文献是非常痛苦的经历,有点丈二和尚摸不着头脑。很多初入学术研究的学生都经历过低效的阅读过程,在中国知网(CNKI)或者 Web of Science 中根据关键词搜索出一堆文献,下载后就开始埋头苦读,读完一篇,再读下一篇,当读到后边的文献时,前边阅读的文献已经遗忘殆尽,这样阅读耗费较多的时间和注意力,而收效却甚微。初入研究领域的新人,要清楚时间是稀缺资源,注意力更是稀缺资源。那么,究竟该如何提升效率呢?可以从以下三方面入手:第一,选择合适的学术文献,中英文文献都不可忽视,确定阅读的优先顺序;第二,对筛选好的文献要采用正确的顺序阅读;第三,用恰当的方式记笔记。

一旦拥有了至少一个研究问题,一个待证假说,以及一些假定的缘由,就可以开始寻找文献来支持理由并检验假说。本章将主要解说如何找到合适的文献,以及如何阅读和运用这些文献。

3.1　了解读者希望使用的文献类型

"新手"可能觉得目前讨论的这些内容超出了当前的需求。因为一份十几页的课程报告与一篇博士论文的难度截然不同,但是二者需要的方法是殊途同归的。文献有着不同的形式和规模,而且并不局限于公开发表的论文,书籍、文章、报告、会议文件、报纸、百科全书等都属于文献的范畴,即书面的或者影音出版的资料都可以提供参考。在众多文献里,如何找到合适的文献,还要纵览该领域的全景,看哪些文献会受到读者的青睐,这并不是一件容易的事情。读者会期望你使用不同级别的文献:一次文献、二次文献、三次文献(即一手、二手、三手),尽管这种分类并不是十分严谨,但基本概括了研究者如何看待不同的文献。

首先,对于实证类的学术论文而言,一手文献可能是一手数据,如经济学、心理学和生物化学等领域,研究者根据一手数据作为证据,通常这些一手文献来源包括政府和商业背景的机构以及学术期刊。其他领域中,研究者还可以通过访谈来搜集一手证据,值得注意的是,为了实施有效的访谈,需要使用可靠的方法获取你想要的题材,并记录所收集的信息。对于非实证类的学术论文而言,这些一手文献可能源自某些原创作品,如日记、信件、手稿、影像、录音等由作者创作的书面材料,以此作为证据支持推理。

其次,二手文献是分析一手文献的书籍和文章,通常由其他研究者撰写或者是专门写给其他研究者看的。二手文献可以是专业百科全书或专业词典里提出该领域学者所撰写的文章,亦或是某些研究者的研究报告。研究者阅读二手文献的主要目的在于追踪学术研究的最新进展,以期在该领域内贡献新的研究成果;或在现有文献中探索其他研究视角,了解其引用的证据基础,以及如何借鉴这些不同视角以增强自身研究的深度;此外,通过分析二手文献,研究者能够掌握研究的文体和模式规范,以及论证方法,从而为自己的研究提供参考模板。

最后,三手文献是基于二手文献写出来的给非专业人士的综合性百科全书、词典等,以及写给一般大众的商业书籍,主要是依靠二手文献进行再创作的内容,具体阅读时应根据研究需要进行筛查使用。

当真正了解了文献的不同类型,就可以有目的地搜索了。同时,在寻找文献资料时不要忘记问自己几个问题:已经了解了什么?通过什么方式了解的?目前国内外关于这个问题已经做了哪些工作?为什么要继续研究?如何解决这个问题?如果能够回答以上问题,那么就可以开启寻找文献资料之旅了。

3.2 如何准确与适切地查找、阅读和记录文献

3.2.1 查找文献

在查找文献时,应该知道如何记录能够让读者信服的,并能够成为学术英语论文的研究依据。作为研究者,要完整而准确地摘录文献,以便读者能够找到它们。

首先,确定引文格式。出版规范中有专门的引文格式,常见的有两种引文格式:一种是广泛用于人文学科领域和一些社会科学领域的注释-参考文献格式;另一种是常用于大多数自然科学和社会科学领域的顺序编码制和著者-出版年制。要结合自己计划发表的学术论文期刊来确定将要使用哪种引文格式,便于后期发表学术论文时引证使用。

其次，记录参考文献信息。为了便于记录引证所需要的文献，要养成一种习惯，在开始动手研究时，要完整准确地记录每一份文献的识别信息。每份文献的识别信息主要包括：作者、标题（含副标题）、页码、卷号、版次及其链接网址、出版者、出版地，以及出版日期等。可以结合现在的文献阅读软件进行辅助整理，如EndNotes、NoteExpress等。

最后，系统查找文献。信息是学术研究的关键。矛盾的是，如今可以获取的信息很多，但在紧张的研究日程下收集和分析所需要的信息可能会导致学生产生信息焦虑。尽管前面提到的文献形式多样，但对于学术英语论文写作而言，文献检索主要是"对所有已发表的文献类型进行的系统而彻底的检索，以确定尽可能多的与特定主题相关的条目"。如何解决信息焦虑呢？一是，需要集中精力，明智有效地检索书籍、期刊论文、报告、会议文章等任何形式的正式出版物；二是需要采用一种结构化的方法，具体如图3.1，该图提出了一个有序、有条理的计划，以实现快速高效的文档检索。

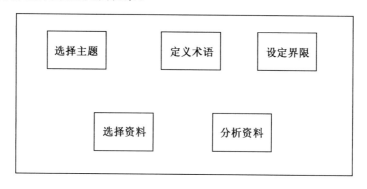

图3.1 系统文献检索

选择主题。将想要了解的内容分解成易于操作的模块，然后针对不同模块进行文献检索。依据对象和主题来思考，其中对象是研究的一般领域（如二语习得），主题是想了解的对象的某个方面（如二语习得的阻碍因素），生成"我想了解二语习得的阻碍因素"的查询。尽管可能存在其他研究问题，但在进行文献检索的时候，建议每次聚焦于单一主题。

选择关键词。想想正在使用的词，还有其他类似的或者可替代的可以帮助检索文献。可以使用字典或者同义词词典，同时要考虑中文文献和外文文献中检索词的表达是否一致。

设定界限。检索回溯的时间，地理上的限制，检索范围限定（某个特定的国家）。

只有当选题、关键词和界限确定好后,选择的资料才有意义。如果能确切知道寻找的对象,就能选择合适的文献资料。当获取到相关信息后,可以根据 3R 法,即相关(relevant)、可信(reliable)和新近(recent)这三个标准来评估文献资料的信息价值。相关是指与研究目标相关的信息,可靠是指从可靠的来源获得的信息(即权威性资料,例如,学术书籍、同行评议的文章和正规、权威的出版物),新近是指灵活的信息(根据你的研究设定时限)。

此后,可以采用搜索引擎进行检索,不管使用哪种搜索引擎,可以采用以下几种有用的技巧通过互联网寻找相关、可靠和新近的资料。

帮助性提示 1:政府网站是获取统计数据、年度报告和政策文件的有用资源。

帮助性提示 2:使用百度学术、中国知网和 Web of Science 搜索需要的文献。学习没有捷径而言,文献资料不会像魔法一样突然出现,必须去主动寻找。收集文献资料是一个积累的过程,需要相当的耐心和毅力。

3.2.2 阅读文献

当完成上述文献查找工作后,就可以记录源文档备忘录,包括参考文献、总结和评论。然而,这些工作不足以完成学术论文的写作。明尼苏达大学的卡尔教授强调,当获得足够的前期文献准备后,将开启阅读之旅,切记读文献不要从头到尾逐字逐句地线性阅读。那么,究竟如何正确开启阅读之旅呢?

首先,读文献题目、关键词和摘要,浏览后决定要不要继续;然后读结论,通过结论看这篇文章的内容是否是自己感兴趣的。高效阅读文献要遵循经济的规律,从阅读的兴趣入手对未来的研究大有帮助。其次,卡尔教授还建议当完成文献筛选工作后,接下来要关注文献中的图表(如果有的话)。因为图表能否吸引你的注意力,直接决定下一步是否要去读引言。因为引言的主要作用是强调文献的价值和必要性,会尝试将文献与更宏大的背景和重要的研究问题相联系,通过观察文献主体部分的图表,可以实实在在地看出一篇文献对某个问题的研究实际偏向哪个方向,以及前进了多远。最后,才是真正开始读文献的核心部分。核心部分通常是学术文献中的研究结果和讨论。很多初入门的研究者在做出图表时非常欣喜,没有任何文字分析,就在图表下方写出结论。然而,这些图表真的就能让结果不言自明吗?未必!真正体现研究者功底的地方在于,对研究结果的探讨,能否解答读者可能存在的疑问,并且从实验结果中挖掘出全部的可被信服的结论。只有认为作者的讨论部分有价值时,才真正需要去读文献中最为困难的部分——实验部分。需要花费时间去详细阅读实验过程,并尝试去复现它们。

3.2.3 记录文献

在投入宝贵的时间对文献进行阅读后,研究者往往面临一个疑问:为什么花了这么大力气阅读完文献还不能开始动笔进行学术英语写作?原因在于,阅读文献主要仅构成了研究知识储备的初步阶段。研究者需要和文献进行交互,仿佛文献的作者正与之进行对话,期望交流思想。阅读时研究者应挖掘文字背后的潜在含义,对研究结果、存在的局限性以及可能引发的新研究方向进行批判性思考。这种以批评和评价的眼光与文献交互时,研究者能够激发新的创造性思维。此时,要迅速把这些闪现在头脑中的灵感记录下来,这些灵感可能稍纵即逝,所以,要学会以清晰的文字将其记录下来,作为形成自己观点的基石。当全面了解文献中讨论所涉及的范围后,研究者应想办法延伸文献所提出的观点:这些观点可能引出哪些新的视角?有没有一些确定的证据是文献未曾考虑的?文献中的某一论点在特定情况下成立,是否还可能用于新的情境中?此外,详尽的研读笔记可以记录下文献中一些新概念、新阐释和新结论。更重要的是,当研究者发现自己的观点与某篇文献观点不同的时候,这很可能预示着其学术研究中待证假说已经浮现。在此,强调一下,研究者必须对文献实际探讨的内容有清晰的认识,避免形成的假说是建立在对文献的误读上。

为了日后能够清晰地回看文献阅读笔记,有效的文献记录工具也非常关键。纸质阅读笔记或数字化阅读笔记仍是当下最受研究者喜爱的方式,可以根据自己的使用偏好选择记录方式。思考文献和分析整合文献,对日后的写作会更有帮助。移动互联网时代,MarginNote 等软件是非常高效的文献阅读和笔记工具,配合电子笔,做笔记时可以找到在纸上写作和绘画的感觉。值得一提的是,卡片笔记也是当下受到众多研究者青睐的方式。人生大脑的生理结构决定了其认知习惯,通常情况下工作记忆能够处理的信息单元数为 7 ± 2 个组块,且其维持的时间非常有限。当面对的任务量过大时,个体就会感到心智负荷超载。卡片笔记由于容量有限,每次记笔记时只需写下较少的信息,就像拼图中的单个"组块"一样,使记录笔记的内容变得简单。可以将单张卡片笔记视作标准化的集装箱单元,这样的卡片使创造的知识内容更易于管理和组织,进而减轻了记笔记的压力,并且提高了知识处理的效率。

使用卡片笔记的代表人物是尼克拉斯·卢曼(Niklas Luhmann)。他是一位生活在 20 世纪德国的社会学家,擅长使用笔记卡片记录自己的读书心得,社会学起初是他的业余爱好。他曾经用卡片盒来编织自己对社会学的见解,并将自己的稿子拿给社会学家赫尔穆特·舍尔斯基(Helmut Schelsky)看,结果对方对他的稿子非常赞许,并建议他到新成立的比勒菲尔德大学去做教授。然而,对于卢曼而言,欲成为该校的教授,需要获得博士学位或者其他同等学位,此外还要完成一篇学术水准超越博士论文所应达到的学术出版著作。此任务对任何研究者而言都无疑是一项巨大的挑战,甚至不敢想象的挑战。但是,卢曼依旧采用他的卡片笔记写作法,在不是一年的时间内成功完成了这两项艰巨的挑战,其成果令人难以置信。在完成博士毕业论文和特许执教资格专业论文后,卢曼继续运用其卡片盒方法,在30年间出版了58部著作及数百篇学术论文。从这一点可以明确看出,卢曼的工作绝不是单线程的,否则其著作应逐本完成,而非同时展开多部大部头作品。

卢曼去世后,人们才领悟卢曼式卡片笔记写作法对于科研人员的写作是如此有帮助。德国学者申克·阿伦斯(Sönke Ahrens)出版了《卡片笔记写作法》一书。该书详细介绍了卢曼的生平,让世人了解这位优秀学者是如何中途转行,充分利用高效的笔记方法达成自己的学术目标的。此外,在申克的著作中,笔记被划分成三类,分别是临时笔记、文献笔记和长期笔记,阐述了这些笔记组块如何组合形成论文和专著,并指出在后续的写作过程中,笔记卡片可以随时被调用,以在不同的语境中展现其多维度的价值。特别值得注意的是,卢曼式卡片笔记法与其他卡片笔记写作法主要区别在于,当前的工作是专注于一个具体项目,还是专注于构建自己的知识系统。

3.2.4 具备综述、改述及引述的能力

学术英语写作离不开对已有研究文献进行精准的转录,因为这将是构成新的学术论文的研究基础。因此,必须了解什么时候对相关文献进行综述和改述。当需要的是一篇文章的一个章节,或是整篇文章或整本书中的概要性观点时,可以进行综述。系统综述是对初步研究的集中研究,从若干研究中评估干预措施的有效性、适当性和可行性。综述适用于改述篇章的上下文大意,或者与之相关但并不是特别相关的资料和观点。具体的系统综述可以参考以下步骤:

(1)确定综述问题或目标;
(2)制定文献检索程序;
(3)选择要用的文献资料;
(4)汇总每项研究的数据,以便在适用的情况下,给出总分或总结性观点;

(5)综合整理研究结果,这意味着可以参照综述问题和其他研究来解释结果、明确研究局限性及强调研究结果的潜在影响。

在研究者能够更为清晰和精确的方式重新阐述文献内容时,可以采用改写策略。改述是指研究者运用自己的语言和句法结构来表达原文中的含义。但作为论文论据的呈现,直接引用或许比改述要更好。为了完成以下目的,请使用准确的引文:

(1)引用的文字组成了支持论证的证据。例如,想要阐述人口增长对不同国别经济的影响,就需要从不同的文献中引用准确的文字。

(2)这些文字来源于权威机构或权威人士,该权威支持你的观点。

(3)具有突出的原创性。

(4)能够有力地阐述观点,确保引文可以与接下来的讨论无缝对接。

(5)尽管可能对所阐述的观点持有异议,但为了确保公正性,应力求准确地表述该观点。

进行文献综述的要点,在于能够向读者展现出一幅描述本学科现有知识状况和主要研究问题的画卷。同时,加以批判性的评价,例如,对研究假设提出质疑,对缺乏证据的主张表达合理怀疑,对不同研究者的研究结果进行对比并做出评价。在进行文献的批判性综述之前,研究者必须对收集的文献进行筛选、整理和分类,使之呈现出清晰的模式。综述文献时,必须点明并解释事实之间的相关关系。研究者可以提出一个概念或构建一个理论架构,以阐释文献之间的相互关系。理论的重要性在于,它有助于研究者对先前的研究进行总结,并指引未来的研究方向。在理论构建过程中,会暴露出缺失的观点、环节和缺少的文献。因此,理论不仅是推动知识发展的重要科研工具,也是进行学术英语写作前不可或缺的准备工作。

然后,确定关键词、主要问题和类属将有助于搭建文献分析和综述的框架。此时,哪怕已经完成了所有必要的基础工作,困难依然存在,因为,任何涉及人类的研究都必须考虑到其中的变量,然而这些变量必然数量庞大,想要建立任何共同的行为或经验模式也因此变得困难重重。不仅如此,研究者不同的英语基础是难点,因此要在同类事物之间进行比较就成了问题。下边来看一篇优秀综述中的节选片段:

There has been recent interest in predictors of educational engagement and attainment (Richardson, Abraham & Bond, 2012). However, research has typically focused on predictors of academic performance in adolescents and young adults (Vedel, 2014), and an understanding of the factors associated with academic performance in older adults are lacking. This is despite the proportion of people aged over 60 years growing more rapidly than any other age group, which has prompted an increase in the numbers of older adults undertaking university study (Brownie, 2013). Not only would an understanding of these factors lead to more effective promotion of academic engagement in later life, but later-life education also has relevance to public health, as such engagement may represent an intervention to reduce population dementia prevalence (Norton et al., 2014).

这个段落来自国际期刊 NPJ Science of Learning 中 Abbie-Rose Imlach 等学者发表的文章《年龄不是障碍:年龄大的学生学业成功的预测因素》(*Age is no barrier: predictors of academic success in older learners*, Abbie-Rose, 2017)。思考几位作者在引言部分的第一段中是如何阐明自己的研究意图的。他们写道:

最近,人们对教育的投入和成就的预测因素产生了兴趣。然而,研究通常集中在青少年和年轻人学习成绩的预测因素上,而对老年人学习成绩的相关因素缺乏了解。尽管60岁以上人口比例的增长速度比其他任何年龄组都要快,这促使越来越多的老年人接受大学教育,了解这些因素不仅可以更有效地促进老年人的学术参与,而且老年教育也与公共卫生有关,因为这种参与可能是减少人口痴呆症患病率的一种干预措施。

接下来,作者提出了前人研究的证据,列出了前人对学业成就的预测因素的分析。分析了适用于青年人的学业成就的预测因素并不适用于老年人的学业成就,进一步提出他们的研究假设。

There has been substantial research into which factors predict academic success, with intelligence historically reported as the strongest predictor (Busato et al., 2000). However, more recent findings indicate a modest and variable relationship between intelligence and academic performance ($r=0.13\sim0.60$) (Kappe & Van Der Flier, 2012), suggesting that a substantial proportion of variance in academic success is determined by other factors. Further research has demonstrated an array of other factors that are positively associated with academic performance, such as verbal and emotional intelligence (O'Conno & Paunonen, 2007), motivation, and social support (Robbins et al., 2004; Hogan, Parker & Wiener, 2010; Parker et al., 2004). In addition, symptoms of depression have been shown to predict a decrease in academic performance (Andrews & Wilding, 2004), and females have been found to outperform males (Sheard, 2009), but meaningful differences between the sexes are not always detected (Clifton et al., 2008).

Much of the literature refers to such predictors of academic achievement among young adults; however, these research findings do not always generalize to older adults. For example, grades in high school have been found to be a reliable predictor of academic success for young adults, but not for mature-age university students (Power, Robertson & Baker, 1987). In this regard, the relative importance of predictors of academic performance may change across the lifespan, and factors that may be inapplicable in young adulthood (e.g., occupational attainment) might show relevance in older adults. In addition, there is substantial heritability of cognitive function across the lifespan (Deary, Johnson & Houlihan, 2009), and common genetic polymorphisms that affect cognitive and/or brain function in older age may also account for variance in academic performance. Specifically, genetic polymorphisms of APOE (Caselli et al., 2009), BDNF Val66Met (Egan et al., 2003), KIBRA (Schaper et al., 2008), COMT Val158Met (Houlihan et al., 2009), and SERT 5-HTTLPR (Pacheco et al., 2012) have each been reported to impact upon later-life cognitive performance, risk of cognitive decline, or brain plasticity.

The longitudinal Tasmanian Healthy Brain Project (THBP) was established to determine whether engaging older adults in university education might assist in building resilience to ageing-related cognitive decline and dementia (Summers et al., 2013). Early results indicate that the education intervention does result in measurable increases in proxy-estimated cognitive reserve (Lenehan et al., 2015). This cohort is uniquely positioned to allow the investigation of specific factors that might mediate academic success for older adults, and whether ageing-related processes affect academic performance. In this study, we aimed to assess the capacity of a range of cognitive, psychosocial, lifetime, and genetic factors to predict university-level academic performance as measured by a 7-point grade point average (GPA). We hypothesized that more years of previous education, higher lifetime engagement in cognitively stimulating activities, higher cognitive ability, and greater social connectedness are associated with higher GPA scores. Further, that older age, higher symptoms of anxiety and depression, and carriage of putative detrimental genetic polymorphisms are associated with lower GPA scores.

在此篇引言中,作者语言谨慎,对某些研究结果进行了归类和评价,然后阐明这项研究旨在评估一系列认知、社会心理、生活和遗传因素的能力,以 7 分的平均成绩(GPA)来预测大学水平的学业表现。作者假设,更多年的教育、一生中参与更多的认知刺激活动、更高的认知能力和更强的社会联系与更高的 GPA 分数有关。此外,年龄越大,焦虑和抑郁症状越严重,携带有害的基因多态性与 GPA 分数越低有关。在深入审视后,可以明确地观察到,研究者们对所探讨的研究立题具有深入的理解,并且能够对先前学者在青年群体、性别差异以及学科领域对学业成就影响方面的研究进行详尽的回顾。在此基础上,研究者们审慎地提出自己的主张,并得出一系列合理的结论。

通过上述例子的解析,可以了解学术论文的作者早期关于选题、分组、分类的想法主要是基于个人和行业上的经验,这些想法不断地在其阅读过程中增补、调整或彻底改变。

3.3 文献读不懂怎么办

众所周知,在进行科学研究并撰写学术英语文章之前,阅读相关文献是不可或缺的步骤。然而,众多初涉研究领域的研究者在阅读文献时常常感到困惑和苦恼。一种研究者受"拖延症"的影响,通常在截至讨论前的一刻才草草地读了文献,因此没有办法很好地消化文献内容。另一种研究者境况则截然相反,他们喜欢和文献"死磕到底",对文献有着过分的执著,即使在多次阅读后仍无法理解,尽管他们付出巨大的努力,仍坚持反复研读。有时甚至连读数日或数周,但仍然难以把握文章的精髓,这种挫败感和沮丧情绪无疑令人难以承受。那么,问题的根源究竟何在?

前面讲过,一篇合格的论文其实就是传递认知差的载体。更进一步,可以把不断涌现的学术文献理解成学术界的升级包。这意味着不断地阅读文献是为了跟上学术发展的节奏,但是只有跟文献所依赖的那些基础知识保持同步,安装这个升级包才有意义,也才能水到渠成。因此,面对文献挑战的研究者,无论出于什么原因,显然都不具备这个新升级包(文献)的安装条件。那么,建议研究者及时补充和调整自己的知识体系,以确保文献可以兼容并用于知识的更新。

一个有效的路径是,可以将论文罗列出的参考文献作为需要补充的基础知识,这些参考文献犹如一张指出路线的导航地图。这就是为什么那么多优秀的博士生要在撰写毕业论文之前阅读数百篇文献的原因。在深入研读相关文献之后,将能够对新发表的学术论文有更为透彻的理解,从而产生一种豁然开朗、意义自明的体验。同时,能够辨识新文献的优势与不足,因为此时你已然是该研究领域的"专业人士"了。此外,为进一步提升对高质量学术论文的鉴赏力,在阅读现有文献时,可参考以下几点建议:

(1)学术论文发表要考虑审稿人和领域专业人士的阅读感受,为了提高表达效率,一定要采用专业术语;为了表达准确,可以用公式。当不确定专业术语时,要追溯到原始提出概念的论文,这样有助于厘清信息源头。

(2)为确保源头的高质量,需要挑选高水平期刊的论文,由于大多数研究方法和已发表论文的研究方法在写作思路和结构上较为类似,对于写作新手而言可以在阅读时酌情模仿。阅读时,不仅要借鉴文献结构形式,最重要的是要理解其背后的本质,只有深入理解之后,才能结合自己的研究条件写出个性化的高质量论文。

(3)在阅读已发表的学术文献时,应当细致分析论文如何依据逻辑分块进行研究写作结构划分研究方法部分,并进一步深入研究结果章节,观察其如何与研究方法的逻辑结构相匹配,确保内容的清晰性、连续性以及前后一致性的表达。这一过程对未来撰写学术英语论文具有重要的指导意义。

(4)学术论文(尤其是实证类的学术论文)的显著特点是以数据为基础,因而,阅读时要关注已有文献如何利用大量数据展示结果,采用何种图表和配文的方式呈现出来。一般高水平的学术论文会以清晰的逻辑结构呈现结果。阅读时,要看其主要数据结果、数据变化趋势和反常数据结果的描述。注意,结果和结论并不一样,结果更多是在总结数据结果,而这些结果需要经过严谨而深入的讨论之后才能得出结论。

(5)需要注意现有文献是如何通过图表达组织论述,同时需要深入分析各个研究结果之间的内在逻辑联系。此外,应探讨如何把各个部分的研究结果有机整合,以共同解答论文引言部分的提出的科学问题。

(6)讨论部分是体现一篇学术文献深度的主要部分,是提升论文质量的重要组成部分,也是说服审稿人接受论文结果的最好机会。因此,必须深入分析讨论部分的写作内容及其结构,探究作者如何对论文的论证方法和结果部分进行合理阐述。这意味着作者对分析内容进行了深入的衍生和扩展,并努力将研究成果推广至更广泛的学术领域。

其中,讨论部分是整个学术文献构成板块中内容非常丰富的部分,然而,很多作者经过实际的写作后认为这一部分是最难写的,分析其背后的原因可能是:

(1) 讨论部分写作非常难,缺乏有效的指导;

(2) 讨论部分的内容较为灵活,没有类似于引言或摘要一样的固定写作方法;

(3) 研究的结果不够丰富,缺乏可讨论的基础;

(4) 讨论部分的写作需要非常强的逻辑分析能力和批判性思维。

因此,在阅读文献的过程中,除了上述提及的内容,应特别关注文献讨论部分的撰写技巧,并且通过训练提升自身的批判性科研思维能力。实际上,讨论和引言的写作模式具有相似性,可以参照漏斗型结构来进行写作。引言部分通常参照正漏斗型结构,而讨论部分则参照倒漏斗型结构,具体如图 3.2 所示。值得注意的是,倒漏斗型写作模拟了讨论写作中研究范围由具体到广泛的逻辑过程,该过程可以细分为四个步骤。

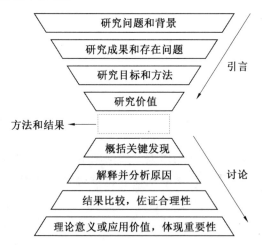

图 3.2 正漏斗型的引言与对应的倒漏斗型的讨论结构

认真阅读以下学术论文的部分讨论内容,分析如何遵照倒漏斗型的讨论结

构来撰写学术论文①

（1）概括关键发现、解释并分析原因。

讨论第一段：

句子①概括关键发现。

句子②～④解释关键发现。

Discussion：

①The results show that transport properties of paste or concrete samples decreased with increasing confining pressure, and the decrease with increasing confining pressure, and the decrease was more significant in samples that had a greater degree of microcracking. ②It is important to note that the observed trend is not due to leakage since blank tests have been carried out at the lowest confining pressure and found that the seal was indeed effective. ③The results from microscopy and image analysis show that the decrease in transport properties was due to closure of the microcracks when the sample was compressed. ④Since most of the microcracks are nearly perpendicular to the exposed surface and propagate into the sample, their closure is expected to have a substantial impact on transport properties.

（2）结果比较、佐证结果合理性（研究对比一致性结果与不一致性结果）。

句①指出结果一致性。

句②和③举例说明及指出存在的问题。

"Very few studies have systematically investigated the effect of confining pressure on microcracks and transport properties of concrete. Most of the available studies have been carried out at confining pressures that are much higher than the values used in the present study. ①However, their findings seem consistent with our study. ②For example, Mills showed that both water and gas permeability of concrete (w/c ratios: 0.42, 0.56, 0.64 and 0.77, 35 days sealed curing) decreased by 0 to 77% for water permeability and 19% to 50% for gas permeability as the lateral confining pressure increased from 5 to

---

① 文献来源：Wu, Z., Wong, H. S. & Buenfeld, N. R. Effect of Confining Pressure and Microcracks on Mass Transport Properties of Concrete[J]. Advances in Applied Ceramics, 2014, 113(8): 458-495.

25 MPa. However, no explanation for this effect was provided. ③ Lion et al. found that apparent gas pereability of mortars (0.5 w/c ratio, 58% vol. sand, 2-year water cured) that were dried at 60 ℃, 105 ℃ and 205 ℃ decreased by 27%, 46% and 41% respectively when confining pressure was increased from 4 to 28 MPa. The authors attributed this to closure of microcracks, but no direct evidence of this was presented."

句子①指出结果不一致性;句子②及后面句子,解释原因,并论证对方不合理之处。

Interestingly. Ozbay reported that water permeability and sorptivity decreased by up to 57% when MSA increased from 4 to 8, 16 and 22.4 mm. Tests were conducted as $t = 50$ mm, giving a t/MSA of 2.2 to 12.5. ①At first impression, this work appears to report a finding that is completely opposite to that of other studies ②However, this is not the case upon careful examination of the work because the samples with varying aggregate sizes were prepared at the same w/c ratio (0.45) and at a constant total aggregate surface area. To achieve this, it would be necessary to reduce cement content from 653 kg/m³ to 450 kg/m³ and to reduce paste volume fraction from 50.1% to 34.5% when MSA was increased. Thus, the total porosity would be reduced by the corresponding amount. This effectively produces two variables, aggregate size and sample porosity, and it would be incorrect to interpret the data solely on the effect of aggregate size since changes in porosity will have a major influence on transport. In fact, their data shows that the variable with the dominating effect on transport properties is the total porosity, as to be expected.

(3)应用讨论及未来研究想法。

应用讨论1:

结果显示低压降至1.9 MPa下就会引起气体渗透系数的显著下架,但是文献中的实验研究表明,其设置的围压最高可达5.4 MPa。因此,建议考虑围压对测试结果的影响。

Implications:

Confining pressure is rarely specified or measured during transport testing of cement based materials. Where such information is available in the literature, we found that confining pressures ranging from 0.7 to 5.4 MPa have been used. However, our results show that the confining pressure used in transport testing is an important parameter that could influence measured results. This is particularly significant for gas permeability testing and the effect is evident even at relatively low confining pressures of 0.3 to 1.9 MPa. Hence, this must be taken into consideration in interpreting results.

应用讨论2：

结果显示裂缝会在围压下闭合，因此实际测试时，要合理设置围压大小。围压过小可能发现泄漏，不具有代表性；反之，很难准确设置好高压，还可能损伤测试对象。

Because microcracks can close when samples are confined, testing the transport properties of concrete that inherently contain cracks is not a straightforward procedure. Testing at very low confinement pressure increases the risk of leakage and may not be representative of the behaviour of concrete in real structures subjected to relatively high levels of compressive stress. However, transport testing in a highly stressed state is not easy to achieve experimentally and could also cause additional damage.

应用讨论3：

论文的研究结果对于实际环境存在两种不同的指导意义，要区别对待。

It should be noted that most concrete structures in service are subjected to compressive stresses that are much higher than the largest confining pressure tested in this work. Our results show that drying induced microcracks would not play a major role in transport of aggressive species in structural elements that are subjected to compressive stresses. These include typical columns and walls which are under the action of axial compression. In concrete elements subjected to tensile stresses however, the drying induced microcracks are likely to widen and propagate, and potentially accelerate the transport of aggressive species. These include typical beams and slabs subjected to bending action that results in compressive and tensile stresses acting on different parts of the structure. For example, drying induced microcracks are likely to widen and propagate in the region below the neutral axis of a simply supported beam or slab that is under tension. Further work will be necessary to better understand the influence of microcracks on the transport properties of concrete structures under load.

句1和句2：指出未来研究想法。

The observed non-linear behaviour between absorbed water and square-root of elapsed time for the oven-dried samples is interesting and suggests that the microcracks have an influence on water absorption. Work is currently being carried out to understand the cause of this behavior. This includes a more detailed data analysis of the absorption vs. t1/2 plots and further experiments to image the penetration of water front in real time to examine the influence of drying-induced microcracks. Findings will be reported in a future publication.

根据以上示例可知在文献阅读中，能否准确把握论文所提出的科学问题，以及理解论文旨在解决的问题及其研究的重要性，主要取决于读者对文献中引言和讨论部分的理解深度。这两部分是吸收有效知识的关键。因此，要关注所读文献的作者在概括关键内容时，是否清晰回答了引言部分提出的要解决的问题，并体现解决问题的方法或思路方案的创新性；同时，还要关注讨论研究价值时是否阐释了引言部分所指出的潜在价值，从而彰显研究成果的重要性。随着对领域内高水平期刊文献的深入阅读，读者逐步认识到，这些文献的讨论部分和引言部分之间存在着相辅相成、前后呼应的关系。只有通过实践上述建议的技巧，才能真正掌握并理解一篇文献，进而使该文献在后续的写作过程中发挥其应有的作用。

3.4 如何与文献交互

3.4.1 用笔记与文献交互

在学术研究过程中，当研究者发现具有深入探讨价值的文献时，应避免仅进行机械性的阅读。当经过思考并对文献做记录时，不仅仅要记录其文字和想法，还需要以批判的眼光评价文献，对文献的潜在含义、对其可能产生的学术影响、存在的不足之处和带来的心得可能给予反馈。此时，有效的笔记将会是未来学术英语写作的重要灵感源泉。那么，到底什么样的笔记是有效的笔记呢？关键在于研究者需运用批判性思维对笔记内容进行详尽的注解。

首先，阅读时，要留意反复出现的主题、分类和关键词，它们会对寻找结构或框架提供必要的帮助。做笔记时要一丝不苟，作者的一个特别敏锐的观察常常能证明以后想要参考或直接引用的一个观点。并且,一定要在笔记中清楚地区分引用和自己的改述内容,这样在日后撰写自己研究结果时可避免一不小心犯下剽窃的错误。

例如:

(1) For the purposes of this essay, I will be using Kolter's definition of societal marketing, because of its focus on the organization's task to meet the need of clients and to... deliver the desired satisfactions more effectively and efficiently than competitors, in a way that preserves or enhances the consumer's and society's wellbeing.

(2) In this essay, the term "reliability" is used to mean...

(3) Although many different definitions of marketing have been suggested over the years, this research will use the one by Kotler (1994), because of...

(4) In a study, the effect of weight loss without salt restriction on the reduction of the blood pressure in overweight patients was examined.

其次,挑选出那些能代表某个章节或某篇文章重要部分的句子(它的主张、主要论证等),如果是纸质文献,可在页边空白处高亮或标注出来;也可以采用更便捷的笔记软件,将需要的信息标注出来,这样可以在任何一台链接到互联网的设备上访问并获取它们。

最后,采用上面提到的卡片笔记写作法,对你所标注的部分进行精髓总结或草拟解答。要养成仔细分析作者如何对研究结果进行分类,如何探究现象之间的关系,以及如何呈现关键问题的习惯。同时,归纳总结其他研究者采用的方法,以便于对自己的研究问题进行组织和分类。

例如,如果某一篇文章或图书找到了"扎根理论""女性领导""研究方法"等有趣的问题,可以在文献中建立副标题,并注明其主题,然后随着文献阅读深入,会不断在这个副标题下增添新的子主题。总而言之,在阅读时要尽可能地记下每一个细节,便于真正开始写作时撰写出逻辑结构紧密、观点鲜明、有理有据的学术论文。

3.4.2 笔记要与研究问题和论证假说相关

为促进与文献的深入互助,建议不仅记录那些作为证据的事实,还应包括有助于解释这些事实的信息,以及它们与主张相关性的解释信息。建议自行设计一套卡片或笔记模板,以助于记忆所需要搜集的不同类型信息。

应详细列出与假说相关的内容：包括支持假说的理由，或提出一个新的假说；支持理由证据；以及削弱假说或者与假说相悖的观点。

此外，笔记项目可能不支持也不反对你的假说，但会有助于阐明其语境或者提升报告的可读性。例如，问题的历史背景，权威性论述，特别是早期研究；解释研究问题重要性的历史和现实情境；重要的定义和重要的分析原则；类比与对比等，虽不能直接支持假说，但可以阐释复杂问题或者让分析过程更有趣；与研究主题相关的原创性文献。

最后，关于文献结论的笔记，不应仅限于单一结论，而应记录作者的论证过程，如此才能确保更准确地使用。记录某个结论时，需要区分其重要主张或次要观点，以及相关的限制条件或让步条件等。

不要将笔记只限于记录支持性信息，也要对证明或反驳该假说的信息给予回应，以便这番论证能证明待证假说。读者通常会提出两类问题，需要尽量想象它们并对这两类问题做出回应。

第一类问题指向论证内部，通常是论证部分，设想潜在读者可能提出的质疑，并试图构建一个简要的辩论来回应。

(1) 论据是来自不可靠或者过时的文献。

(2) 不准确。

(3) 不充分。

(4) 不能公平代表所有的有效证据。

(5) 对这个领域而言，是错误的一类证据。

(6) 不相关，不能算作证据。

然后，接下来想象一下这些提出的保留意见，如何回答。

(1) 给出的理由前后不一致或者相冲突。

(2) 给出的理由太弱或者太少不能支持主张。

(3) 给出的理由与主张不相关。

第二类问题指向论证外部，来自不同领域或不同角度看待世界的人，以不同的方式定义专业术语。他们的推理也不同，甚至会给出一些在他人看来无关的证据。此时，不要辩驳自己的观点是正确的，而应承认与读者看待世界的角度不同，并接受彼此间的分歧。然后，可以将这些不同进行比较，以便读者能够依照论证术语来理解论证。

对于研究新人来说，预想这些质疑可能颇具挑战性，原因在于可能尚未充分了解读者会在何处提出质疑。尽管如此，也要尝试想象一些貌似合理的提问和反对意见,让自己养成自我提问的习惯,将有助于提升自己的想象力和批判思维能力。要问自己:哪些因素可能导致我的主张会被质疑?不论经验是否丰富,都要练习、想象并回应那些有重大意义的反对意见及可替代的其他论证。将这些回应融入学术英语写作论文中,以备读者可能会提出相关问题。

3.4.3 对笔记进行分类整理

一项重要的有概念性要求的任务,是在做笔记的时候将每项分类内容以2~3个关键词作为概括。笔记分类要依据笔记的含义,或者依据笔记覆盖内容宽泛程度。倘若采用网上搜索引擎找文献,其实就已经开始追随某些关键词的轨迹了。保留关键词列表,相关笔记均使用相同的关键词。该步骤至关重要,因为它能使笔记内容精简至1~2个关键词。如果在电脑上做笔记,只需执行一个简单的搜索指令,这些关键词即可迅速帮助将相关笔记整合到一起。如果采用多个关键词,可以通过不同的方式重组笔记,这样有助于找到笔记之间新的联系。

笔记分类整理后,有经验的研究者会有体会,即写得越多越好,这个过程迫使你努力思考。每天可以设定一个固定的写作时间,草拟一个段落来回应某个文献,有助于整理思路或有新的发现。写下来的越多,无论详略与否,将来真正起草论文时,这些都会使写作更容易。将想要弄明白的东西写出来,是学习进度曲线上典型的,甚至可能是必不可少的阶段。

然后,要留出时间定期回顾笔记,以及构思论文的进度,看看还有哪些没有做。想想待证假说是否仍然有道理,是否仍然有合理的理由来支持,这些理由是否有好的证据,是否有新的理由和证据可以加进来。

3.4.4 如何整理引用的文献

在学术英语论文写作前,不可避免地要引用他人的观点或者研究证据。常见很多初入研究领域的研究者会这样引用他人的观点。例如,"老子有云……孟子有云……孔子又有云……",翻译成英文则为"A study found that... B study also found that... while C study found that... D study found that..."这种写法被称为文献驱动或写法,但其往往缺乏对文献的深入分析和对观点的系统整理。假如读者读到"老子云、孟子云、孔子云"的文章时,读到"老子云"尚可理解,接下读到"孟子云",就会疑惑"孟子是同意还是不同意老子云",但没有找到解释,正一筹莫展时,又读到"孔子云",这样对读者是非常不负责任的,是把文献梳理的工作直接丢给了读者。因此,要想解决这个问题,需要先把阅读的文献进行细致

的梳理,厘清文献之间有何相似性和差异性,进而采用结论驱动式写法。下面的例子有助于理解结论驱动式写法的文献引用:

Two previous studies also set a similar condition, and their findings were consistent with ours (Iarocci et al., 2010; Ujiie, Asai & Wakabayashi, 2015). Iarocci et al. (2010) took the mouth and nose region of a speaker as stimuli and compared the audiovisual speech integration of children with ASD and TD children. They found that the two groups showed similar audiovisual speech integration. Ujiie et al. (2015) took the mouth region of a speaker as stimuli and compared that audiovisual speech integration of adults with high AQ (autism quotient) and low AQ. They found that there was no significant group different between the audiovisual speech integration of the two groups.

这种写法是典型的文献驱动式写法,我们应该帮助读者梳理好文献,让文章更简洁、更易于理解。改为以下形式:

This finding is consistent with two previons studies with similar closed-eyes conditions (Iarocci etal., 2010; Ujiie, Asai, Qwakabayashi, 2015). Both studies only showed part of the speaker's face (including the mouth region) as the McGurk stimuli, and found no difference between children with ASD and TD children, as well as adults with high and low autistic traits, in their audiovisual speech integration.

在准备学术英语写作之前,通常采用改写或概括的方式引用他人观点,而避免大段直接引用原文。另外,引用文献中的观点时,应尽量避免主观批判,而应努力以自己的话语准确、清晰地表述他人的观点。

3.5 学术英语写作论证什么和如何整合论证要素

学术英语写作的论证到底是什么?实际上,论证就像一场友好的对话。在学术论文中,想象自己在和读者一起对话,一起推理和解决问题。问题的解决办法读者可能并不完全接受,但他们会依据可靠证据的合理推理,或者等他们的合理提问和保留意见给予回应之后才会接受你的主张。可以将自己的推理和证据对读者像朋友一样陈述出来。提出一个主张,进行推理论证;读者探究细节,提出反对意见,或者提出他们的观点;回应或者用自己的问题来回应;然后读者提出更多的问题。在不断地问答往复过程中,逐渐产出并检验与读者之间共同磨合出来的最好论证。学术论文论证的目的是以此来检验主张,尤其是检验支持该主张的论证。

当要解释为什么自己的主张是合理的,以及为什么他人也应该认同你的主张时,论证成为唯一能够明确阐述结论获取过程的方法。在进行研究论证时,研究者需要展开自己的推理过程和证据,以便读者进行思考,并预设读者可能的提问和自己相应的回答。

3.5.1 分辨可靠和不可靠的前提

学术英语写作论证既是说服别人的方式,也是学习新知识的手段。好的论证能将作者(或者其他人)从原本就接受的前提,引向作者(或其他人)之前没有接受的结论。但是,为了达到这一点,论证需要从你(或者其他人)原本就接受的前提出发。因此,学术英语写作中想做好论证的重要一环就是,学会分辨出哪些前提是可靠的,是获得普遍认可的。确定研究出发点是否可靠、是否得到公认,并不是一件容易的事情。尽管不同情况下使用的方法不同,但是还是有若干引导思维的经验法则。

首先,对于学术英语写作而言,有恰当证词或来源支持的前提一般是可靠的。想要体现这一点,可以诉诸权威,也就是你只需要盯着前面的前提,运用自己的常识。

【范例】人工智能很快就能管理城市了。近年来人工智能发展迅速,新型人工智能程序 AlphaZero 只用几个小时就能成为国际象棋和围棋这类复杂棋类的专家。如果 AlphaZero 能够掌握复杂棋类的话,那么用不了多久也能管理城市了。

答案:

(1)近年来人工智能发展迅速。

(2)训练 AlphaZero 几条规则后,只用几个小时就能成为国际象棋和围棋这类复杂棋类的专家。

(3)如果 AlphaZero 能够学会掌握复杂棋类的话,那么肯定用不了多久就能管理城市了。因此,AlphaZero 的算法很快就能够管理城市了。

这一范例表明前提(1)是可靠的,因为它是常识。前提(2)不可靠,但是只要引用几条权威的信息来源,比如,权威学术论文的结论,那么就可以变成可靠的前提。不过前提(3)一定是不可靠的。从擅长棋类游戏——无论是国际象棋还是围棋这类复杂的棋类——跳跃到管理城市这样规则极其开放的任务是不合理的。懂得如何赢下国际象棋与懂得如何管理人类社会有着非常大的差别。管理城市这样的任务是依赖于文化与社会交往层面的细微知识,更需要应对没有明确答案的开放性问题的能力。

3.5.2 整合论证要素

学术论文的核心构成要素主要包括论点、论据和论证,这个道理自我们接触写作体裁学习以来便已深入人心。

论点是作者所持的观点,在逻辑学上,论点就是真实性需要加以证实的判断,是作者对所论述的问题提出的见解、主张和表示的态度,是整个论证过程的中心。可以以回答读者的提问为中心构建论点。论点是一篇学术论文的灵魂、统帅,任何一篇论文只有一个中心论点,但可以有若干分论点。

论据是提出论点必须有的根据,是支持论点的材料,是证明论点的理由和根据。论据必须具有足够的事实或正确的道理,证明论点的合理性和正确性。

论证是用严谨的论据来证明论点的过程,用来阐释证明论点的真实性。论证是检验一篇学术论文价值的"试金石",目的在于揭示论点和论据之间的内在逻辑关系。

在学术论证中,通常包含三个基本构成要素:论点、支持论点的论据以及支撑论据的论据。除上述要素之外,尚有两个关键方面不可忽视:一是对问题的反驳和对其他替代性观点做出的回应;二是对那些未能理解论据与论点之间关联性的质疑者进行阐释。

3.6 构思论文结构

3.6.1 组建论点

一件很苛刻的事情是把记录下的数据进行合理的组织,这样的组织有助于找到支持学术英语写作的论点。在不同学科领域中,论证的表征虽各有特色,但均需对以下五个核心问题进行阐释:

(1)你的主张是什么?
(2)你的理由是什么?
(3)有什么证据支持你的推理?
(4)还有什么其他观点?

(5)什么法则让你的理由和主张相互关联?

整个写作过程需要多次回答这些问题,如果不能回答,写作将不能令人信服。

在搜集信息的过程中,研究者需区分信息的适用性,以决定其在学术论文中的位置。例如,会注意到有些信息适合写入引言部分,有些适合文献综述部分,而另一些则适合写到论文的结论里。根据《卡片笔记写作法》,可以相应地用罗马数字(即Ⅰ、Ⅱ、Ⅲ、Ⅳ等)在卡片上做标记,或者用缩写的方式直接在卡片的右侧写出论文的每个部分。必须强调的是,在完成学术英语论文的最终草稿之前,信息的搜集和整理工作是持续进行的。不要想当然地认为已经掌握了信息的全部,要对来源较新的材料多加留意,因为局限于过时背景的数据往往导致论文内容乏味单调、缺乏深度且篇幅受限。卡片笔记是撰写论文终稿不可缺少的工具。在整理收集到的信息时,研究者应确保论述的前后一致性,并在直接和间接引用与自己对主题的见解之间取得平衡。

第一稿学术论文写作的过程总是让人感到疲惫,但只要耐心和努力,就一定可以完成任务。起初在组建论点时,无须过多地担心语法、标点或者论文每页版式问题。需要考虑的是,如何通过在实验中获得重要的数据,清楚并且客观地陈述其中的发现,然后用各种发现来支持你的论点。一旦构建出论点,即可着手撰写初稿。

3.6.2 论文结构构思及书写顺序

常见的国际学术论文的结构是题目、摘要、关键词、引言、方法、结果、讨论、结论、致谢和参考文献。然而,这个顺序在实际写作实践中未必是最好的写作顺序。要清楚学术论文的主体部分是论文的主要部分亦是核心内容,将占据全文90%以上的篇幅,也是题目和摘要这两部分的基础,因此,为了确保写作前后一致,较为合理的写作顺序可以是:主体部分(引言、方法、结果、讨论)— 结论 —题目和摘要。

主体部分可以采用时间沙漏模型(Swales,1990),由范围大的内容(general)到具体内容(particular)再回到范围大的内容。从主体部分的引言开始到讨论部分结束,中间部分则是研究方法和结果。引言和讨论部分都需要联系大的研究背景和实际应用,因此符合范围大的内容原则;而中间部分的研究方法和结果是介绍自己的具体研究手段和结果,是相对具体的写作内容,具体见图 3.3。

在采纳时间沙漏模型进行研究时,在写主体部分的四个主要部分时,还可以

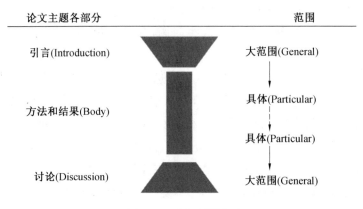

图 3.3 时间沙漏模型

按照写方法—结果—引言—讨论的顺序来写。

在完成文献检索、文献阅读和文献笔记等一系列准备工作后,一般而言,在撰写论文之前,研究背景、研究动机和目标、研究方法的关键要素应已基本确立。这意味着研究者已经明确了解决的具体科学问题、研究的必要性,以及解决问题的策略。既然这些内容属于学术论文的引言部分,是不是意味着可以直接开始写引言了?引言作为论文的起始部分,其撰写需确保与论文的后续内容的一致性,即引言部分通常需要结合论文的结果来构思才能写得通透。因此,建议在研究的早期阶段,先确定好研究方法并且优先撰写"方法"部分。在撰写过程中,研究者应不断审视和完善研究方法,以确保其准确性和可靠性。

结果部分可以在执行研究方法的过程中,不断添加内容。当研究方法和结果都写完,可以写引言和讨论。考虑将这两个最难写的部分放在最后写,是因为这样可以使学术论文前后呼应,同时,充分了解论文的研究结果后才能写出高质量的引言和讨论。在撰写学术论文时,建议遵循一种逻辑性强且能提高写作效率的写作顺序,即方法—结果—引言—结论—题目—摘要。其中,题目和摘要是学术论文核心内容的精髓,起到画龙点睛和穿针引线的作用。当构思好所有写作部分后,应字斟句酌地精选一个恰当的题目和一个精准的摘要,以确保读者能够准确把握研究的具体内容,包括研究背景、研究动机、研究方法、研究发现、结果可靠性及潜在应用前景等。

3.6.3 区分以证据为基础的论证和以依据为基础的论证

在学术探讨中,存在两种论证方式,值得读者审慎考量:其一,从理由或依据来推理主张,该主张在论证中被认为一定正确;其二,以证据为基础的推理,此类论证中的主张则被视为可能正确。研究者普遍倾向于后者，即以证据为基础的论证。对研究论文的读者来说，他们更倾向于接受那些基于实证数据而非单纯逻辑推理得出的主张。这是因为，依赖于某一法则推理的主张，尽管看似建立在无可争议的法则之上，却往往忽视了复杂情况的存在。因为他们确信法则是正确的而忽略与之相悖的证据。若其法则确实无误，其推理过程亦随之正确，此类论证便显得更多地依赖于思辨而非事实。然而，基于证据的论证才是合理论证的逻辑起点。

3.6.4 确立统一论文术语及其概念的界定与各部分主要术语的区分

在准备落笔之前，还有一项不容忽视的事实值得注意，就是务必能够使读者看到一些表达中心概念的术语贯穿所有部分，这样可以使论文前后连贯。因为，如果用不同词语来提及它们，读者可能不会意识到这些词语是同一概念，会让读者感到混乱。贯穿全文的关键术语可能源自研究问题和研究主张的核心词语，亦可能涵盖用来对笔记进行分类的标识性文字。为确保读者在每一章节中能够辨识出特定概念，从而实现章节间的明确区分，研究者必须在撰写初稿前明确哪些主要概念将贯穿全文，并据此选定使用频率最高的术语来分别指代这些特定概念。

首先，在卡片笔记的引文和结论中圈出4～5个词语来表达重要的概念，在对研究主张的最精确表述中用到这些词语，聚焦那些需要论证和打算继续拓展的概念。其次，针对每一个重要概念，选择一个可以在论文的主体部分重复出现的关键术语。可以采用相同的步骤找到统一每一章节的关键术语。在卡片笔记列出论证理由的每一页上，从论证理由中圈出重要词语。有些词语应该与引言和结论中圈出的词语相关联。剩下的词语应该能用来辨别这些概念，区分不同的写作部分，为每一个关键概念选出一个关键术语。最后，起草学术英语论文时，将这些可以贯穿全文的整体概念和区分论文各个部分的特定概念置于眼前，有助于确保论文撰写的正确方向，也可以确保读者正确的阅读方向。

3.6.5 章节论证及小结

在学术论文构思过程中，对于各章节的每个段落，均应撰写引言性质的简短文字。此类文字宜采用开放性表达，旨在介绍章节中的关键术语。最理想的方式是在每部分的末尾用一句话概括该部分的核心论点，其内容可涉及论证的依据，对不同观点的回应，或者做出解释的理论依据。此外，结论部分应重申这些重点，以强化论述的连续性和完整性。

那么,如何为每部分提供相应的证据支持?在大多数学术写作中内容主要由支持论点的证据构成。在阐述论证理由后,有必要对论据进行概述,当有不同种类的证据支持一个论证时,可以将证据分组整理。紧随其后,需要阐释证据的来源、可靠性,并说明其如何支持论证。此时,思考读者的反应会如何,他们可能会提出哪些反对意见,在论文的哪些部分提出反对,对此需要进行确认并做出相应的回应。为了有效地回应读者的疑问,需要找到理论依据来证明一个论证理由的相关性。这就要在陈述该论证理由之前,先展示相关的理论依据。最后,在论文的主体部分的结尾,简要总结论证过程。

第 2 部分

学术英语论文撰写过程

第4章 如何写题目

论文题目是读者、编辑迅速了解论文大意的高速通道。好的论文题目不仅能引起读者的阅读兴趣,还能为读者提供准确且充足的学术信息。信息时代下,题目更是信息检索过程中的宠儿,影响着论文的点击率与下载率。

4.1 题目的写作要求及格式

4.1.1 题目的写作要求

(1)语言简练,避免过长。

(2)信息完整,准确地概括论文大意,高度凝练文章的中心议题。通过浏览题目,读者可以迅速了解论文梗概,对研究对象、研究变量、研究范围,以及研究条件、研究理论等形成初步认知。

(3)应使用关键词。撰写题目时,要凸显亮点,引用读者常用的搜索词,从而在数据库、搜索引擎中提升点击率及阅读量。

(4)题目应能夺人眼球,引发读者的阅读兴趣。读者只有在对题目感兴趣的情况下,才有可能继续阅读整篇文章。因此,题目如果拟得不得当,将会损失大批的潜在读者。好的题目可以帮助读者更好地搜索相关学术信息,促进学术资源交流与传播。因而题目应具体,避免过于宽泛或抽象。高质量的题目应能用凝练的语言精准描述研究主题、研究结论、研究范围、研究对象、研究方法及研究目的,最大程度锁定受众。

从句法层面上看,题目如同商品的商标,用最简练的词语描述商品的主要功能。因而,题目通常不是完整的句子,并不必须包含所有的句子成分。另外,科技类论文的题目中应避免使用疑问句。

从词法层面上看,题目中常常使用名词、名词短语或动名词,这些通常会作为论文关键词,用以概括整篇文章的核心信息。但需注意的是,题目中使用的词汇要做到结构功能统一,即名词与名词搭配,动名词与动名词搭配,不能将名词与动名词混合搭配使用。例如,在题目"The Design and Preparing of..."中,

design 是名词,而 preparing 是动名词,词性需做到统一化,将 preparing 改成 preparation 更符合学术英语写作要求。

题目中还应避免出现不规范的缩略词或符号,尽量使用专业术语的全称,确保读者不会产生理解上的偏差,也不会在搜索索引、检索论文时产生误解。

4.1.2 题目的写作格式

题目格式应遵循以下要求：

(1)标题中所有实词的首字母应大写(包括名词、代词、动词、形容词、副词),原则上虚词的首字母要小写,但当标题中的首个单词为介词、连词或冠词时,这些虚词的首字母也需大写。

(2)一般情况下,除期刊或编辑特殊要求外,标题需居中书写。

(3 标题中鲜少使用标点,但有时根据需要可用问号、叹号或省略号。

4.2 题目的长度

通常,题目最多不超过 15 个词。题目如果过长,会使读者很难理解或记住。如果 15 个词内无法清晰描出研究主题,可以借助副标题。反之,题目也不能过短,太短的标题也容易造成歧义或误解。

在学术论文,尤其是自然科学论文中,通常不需要"the method of..." "on the..." "an experimental study on..." "investigation on..." 这类修饰语,显得冗长烦琐,应当避免使用。

4.3 题目的类型与写作思路

题目中应囊括的核心要素包括研究对象、研究变量、研究范围、研究理论、研究方法、研究目的、研究结论等。根据研究内容侧重点,可以对上述要素进行筛选、组合、凸显,形成题目。

4.3.1 题目的类型

题目撰写通常有以下两种类型范式：

1. A of B by C

A 代表用来描述 B 的名词或名词词组;B 代表研究对象;C 代表研究目的/

研究影响/研究方法。这一范式中,A、B用来描述研究内容,C提供研究方式、研究时间、研究地点等具体信息。A、B、C这三部分可以是名词、名词词组或动名词。

根据具体研究内容,可选用不同的介词连接各部分:

(1)A(描述B的名词或名词词组)+of/in/for/to+B(研究对象)+on/in/via/by/using/at/from+C(研究目的/影响/方法)。

(2)A(动名词)+B(研究对象)+via/by/using/through+C(研究方法)。

例如:

(1)The Decarbonisation of the EU Heating Sector through Electrification

(2)Application of Graphene in Energy Storage Device

(3)Heterogeneous Two-sided Effects of Different Types of Environmental Regulations on Carbon Productivity in China

(4)Fault and Defect Diagnosis of Battery for Electric Vehicles Based on Big Data Analysis Method

(5)Two-stage Gradient-based Iterative Estimation Methods for Controlled Autoregressive Systems Using the Measurement Data

(来源:SSCI)

2. A and B:C 或 A:B

该范式中,冒号之前的部分通常以名词、名词短语或动名词形式出现,交代研究对象;冒号之后的部分作为副标题,限定研究范围、研究内容、研究方法或研究类型,或者揭示研究焦点。

根据具体研究内容,可选用不同的介词连接各部分:

(1)A and B:C/ C of D/ C and D.

(2)A of/in B:C/ C of D/ C and D.

(3)A(动名词形式)B:C/ C of D/ C and D.

例如:

(1)Learning about Learners:System Learning in Virtual Learning Environment

(2)Phraseology and Epistemology in Humanities Writing:a Corpus-driven Study

(3)Evaluating the Semantic Web:A Task-based Approach

(4)International Retailing:A Case Study

(来源:SSCI)

4.3.2 题目的写作思路

题目的写作步骤如下:
(1)先找出研究的关键词。
(2)用动词将关键词串联起来,在研究变量间建立起关系。
(3)将动词名词化。
(4)根据关键词间的关系,筛选题目范式,敲定题目。

实际写作过程中,可以根据自己的研究内容及侧重点先拟出题目,当完成论文主体部分时,再进行回顾、反思,列出论文中出现的所有关键词,根据关键词之间的逻辑关系,重新对标题进行调整、润色,最终敲定最贴切、最简练的标题。

4.3.3 题目的写作技巧:名词化

名词化是学术英语写作中非常鲜明的语言特征,也是题目撰写中最常用的技巧。名词化是指将一个动词、形容词或者表示状态、特性、过程的从句转换成名词形式,可以通过在动词上加后缀、词形转化或动词转化成动名词等策略来实现。

例如,通过加后缀,apply 转化为 application;fail 转化为 failure;effective 转化为 effectiveness。有些词汇既可用作动词又可用作名词使用。在标题中,通常取名词语义。例如 increase 和 change,这两个词用于标题中,通常使用它们的名词词性,强调客观过程的描述。还可以将名词转化成动名词,比如 compare,通过词尾加-ing 变成动名词。

名词化的使用,可以在上下文语句中帮助作者更好地关联、展现学术想法。

例如,Foliar zinc ($ZnSO_4$) application is an effective agronomic tool for Zn biofortification of wheat (*Triticum aestivum* L.) and hence for overcoming human Zn deficiency. It is unclear how the methods used to apply phosphorus (P) fertilisers affect the uptake and availability of Zn in wheat plants(cited from *Impact of Foliar and Root Application of Phosphorus on Zinc Concentration of Winter Wheat Grown in China*).

名词化的使用,使题目、文章内容更客观,更侧重对研究内容、研究方法的过程描述,而不是聚焦于具体的研究行为上。

例如,在学术英语写作中,描述研究内容常用 A study was made...,而不是

Our team studied the...

名词化的应用还可以使文章的语言表达更简洁。试比较以下两个句子："They rejected what I proposed. They rejected my proposal."经过动词名词化，软化语气，化解尴尬。

以下一组句子体现了将描述过程的句子转化为名词短语，丰富了语句的信息量。

(1) Glass cracks more quickly the harder you press it. 这句话强调了 crack 开裂这一动作，并指出 press 按压强度是开裂速度的影响因素。

(2) Cracks in glass grow faster the more pressure is put on. 本句把描述研究对象的动作转换成了名词，语句更侧重状态描述的客观过程，弱化了对动作的强调。

(3) Glass crack growth is faster if great stress is applied. 本句进一步把描述状态变化过程的动词及描述变量的动词转换成名词。

(4) The rate of glass crack growth depends on the magnitude of the applied stress. 本句将研究对象、变量进行名词化表述，语言描述更客观、简洁。

(5) Glass crack growth rate is associated with applied stress magnitude. 本句将研究对象、变量之间的关系进一步进行名词化表述，符合学术语言规范。

但应注意的是，使用动词名词化要把握好"度"，过度名词化会使语句变得晦涩难懂。

4.3.4 题目中的名词修饰语

学术英语写作中，通常使用名词作修饰语，用以取代所属格 of 或 's 的用法，使题目更简洁明了，所修饰的名词被称为中心语。例如，literature criticism, signal classification, garbage classification, data base 等。从语义上看，名词修饰语可以指代研究材料、研究类别、研究对象的来源，或者描述修饰语与名词中心语二者间的关系。

名词修饰语的使用规则如下：

(1) 名词修饰语用在中心词之前。

(2) 如果有形容词作修饰语，名词修饰语用在形容词之后。

(3) 名词修饰语通常以单数形式出现。

(4) 当名词修饰语前出现数字时，数字和名词修饰语之间使用连字符连接。

使用名词修饰语时，一定要界定好中心词，保证正确的语序表达，一旦混淆修饰语和中心词位置,将会造成歧义,影响句意。

4.4 摘要的重要性及功能

4.4.1 论文摘要的重要性

论文摘要是对论文的内容进行简短有力的陈述,简明扼要地阐释研究目的、研究方法及结论等,篇幅短小精悍,可以独立成篇。读者在查阅学术文献,发现感兴趣的题目后,首先要阅读的便是摘要部分。通过对摘要的阅读,读者可以快速、准确判断文献与自身研究方向的契合度,决定是否需要阅读整篇文献。

同样,编辑和评审在审稿时,也会从阅读摘要开始,对是否采用进行评估。通常,摘要可以反映出研究的专业程度及完整度,影响着文章最后是否能发表成功。因此,摘要部分的写作需要在交稿之前反复推敲。

4.4.2 摘要的功能

每年都会有大量科研论文被发表,新的学术期刊不断涌现,要么通过网络发行,要么纸质和网络同步发行。身处信息爆炸时代,科研人员在搜索文献时,在阅读摘要及关键词时具有多样的选择性。读者通过学术期刊获取原版文章或通过在线数据库检索到文章。通过阅读摘要,读者可以决定是否需要阅读全篇。可以说,摘要是整篇论文的微缩版。

绝大多数的期刊都把摘要放置在正文之前。因此,摘要务必写得清晰有力。因为审稿人在阅读完摘要时,就会对整篇论文形成初步判断,影响对整篇论文的阅读。

摘要的五个主要功能:

(1)作为独立成篇的短文,摘要简短地向读者介绍研究主题、研究方法及主要研究发现。摘要可以是指示性的或报道性的,是对整篇论文简练的概述。开篇用精练准确的语言交代研究问题,接着描述研究方法、研究设计、主要发现及结论。摘要中涵盖了所有与研究内容、研究方法相关的关键词。这一特点,使得读者很容易通过计算机检索就能获得摘要。从这一点来说,摘要是对整篇论文的客观描述,而不是对论文的评价。

(2)摘要有着筛选功能,帮助读者判断文献是否和自己的研究目的相关,是否对整篇文章有阅读兴趣。在线数据库通常只将摘要免费开放阅读,因此摘要必须精准、完整地描述整个研究,以吸引潜在读者下载全篇论文。由此可见,一篇好的摘要可以提高文章的点击率和下载率。

(3)对于有阅读整篇论文计划的读者,摘要好比路线图,起着预览全篇的作用。

(4)摘要充当索引功能,因为摘要包含潜在读者关注、搜索的关键词。大多数学术期刊数据库都开放摘要的阅读权限,方便读者通过摘要中的关键词,快速检索到和自己研究目标相关的论文。

(5)摘要方便审稿人对论文内容、深度进行快速审查。审稿人在决定是否录用文章前,通常要对论文摘要进行审查、评价。因而,摘要的撰写质量直接影响着文章是否能被录用和最终发表。

4.5　摘要的类型及要素

4.5.1　摘要的类型

摘要大致分为三种类型:指示性摘要、报道性摘要和报道-指示性摘要。

指示性摘要(descriptive abstract)常被称作说明性摘要、描述性摘要。指示性摘要通常使用段落写作模式,简单概述论文主题,勾画研究目的,介绍研究方法及研究范围,覆盖整个研究主题,以便读者阅读后做出判断,是否需要阅读全文了解研究细节。指示性摘要通常很简短,介绍研究背景,对论文的每一部分都会用一两句话进行概述,通常用于研究综述、会议报告等形式中。

报道性摘要(informative abstract)也常被称作信息性摘要或资料性摘要。报道性摘要以研究结果为导向,介绍研究目的、研究方法、研究范围、研究结论,对研究进行总结并提出今后研究方向或建议,有时可部分取代阅读全文。通常,撰写报道性摘要遵循以下顺序:以介绍研究背景或研究主题开篇,介绍研究的主要活动、研究范围、研究目的、理论框架。其次,介绍研究方法、研究结论,对研究结论进行讨论、总结,最后提出建议。在上述环节中,对研究方法和研究结果的介绍是报道性摘要必不可少的要素。

报道性摘要中,对每一要素所占篇幅没有固定的要求。社会行为学领域内的报道性摘要通常会用更多的笔墨来介绍研究背景、研究环境;自然科学领域内的有些摘要则开门见山地介绍研究方法,对研究背景等信息只字不提或一笔带过。

报道—指示性摘要(informative-descriptive abstract)以报道性摘要的形式表述文献中信息价值较高的部分,比如主要的研究结论和研究发现,以指示性摘要的形式表述其余部分。

摘要的长度视论文需求而定。通常,对于普通学术论文来说,摘要字数控制在 200 词以内。学位论文摘要篇幅会长一些,大致在 300~500 词。

4.5.2 摘要的结构

从篇章结构上来看,完整的摘要通常包括三大部分:主题句、支撑句及结束句。

1. 主题句

摘要中出现的第一句话通常被称为主题句。通过对研究问题的陈述,交代文章的研究主旨及主要的研究目标。常用句式如下:

(1) The primary goal of this paper is...

(2) The overall objective of this research is...

(3) The chief aim of the present work is to investigate the features of...

(4) This study aims to investigate...

(5) The purpose of this study is to investigate...

2. 支撑句

支撑句出现在主旨句之后,进一步界定研究对象、介绍研究内容。研究方法、研究过程、研究步骤、数据收集、数据分析、研究结果及其他关键信息都会在支撑句中加以交代。因而,支撑句是摘要的主体部分。常用于支撑句的句式如下:

(1) Several methods were applied...

(2) The technique was employed to...

(3) The procedure can be briefly described as...

(4) The... approach was used to...

(5) A new variational principle was derived in...

(6) A series of experiments were performed to evaluate...

3. 结束句

作为摘要的结尾部分,结束句通常用来总结研究结论,介绍研究的应用前景及强调研究意义。常用句式如下:

(1)In conclusion, we state that…
(2)Therefore, it can be concluded that…
(3)The result has an inestimable effect on…

4.5.3 摘要的构成要素

从语义内容上看,完整的摘要一般包含以下要素：

(1)研究背景/研究简介/研究现状。介绍对选题的了解程度,阐明选题的重要意义。

(2)研究目的。介绍研究对象及为什么做此研究。

(3)研究方法/研究材料/研究对象/研究过程。用简练的语言对研究材料、研究对象、研究方法进行介绍,描述整个研究过程。

(4)研究结果/研究发现。描述研究发现了什么,产生哪些结果。

(5)总结/讨论/研究意义/研究启示/对未来研究走向的建议。揭示研究发现的理论、实践意义。

上述要素的撰写顺序并不是一成不变的,而且也并不是所有要素都需要在摘要中有所体现。

4.5.4 如何撰写摘要

在这一部分,讨论如何将上述五个元素组合起来,形成一篇撰写质量较高的摘要。

(1)研究背景和现行研究目的。

在介绍研究背景和研究目的时,通常以描述科研现状中存在的现象或问题来开篇,接下来便可顺理成章地介绍现行研究的目的。

在传统的学术写作中,通过对研究背景的介绍,通常要指出现存的研究文献或研究成果不足以解决研究问题,仍需进一步研究探索,为现行研究的引入做铺垫。但也有些摘要中并没有对研究背景做介绍,而是开门见山地阐明研究目的。

(2)对研究方法的描述。

摘要本身就是对整篇论文的概述,因而更需要使用凝练的语言来介绍研究方法。研究方法应包括对研究数据、研究仪器、研究主题、研究历程、研究地点等信息的介绍。即便研究本身规模较大、研究方法繁杂,也需要用最简练的语言介绍庞杂的信息。

撰写研究方法时,通常有两种不同的方式。

第一，用独立、完整的长句子来陈述研究方法，这种方式在学术英语写作中极为常见。例如，"We develop a mechanistic and transparent method for taking into account the bias in collecting effort when estimating likelihoods of species occurrences.""We follow the real-world practices and examine both the retailer collects (R-collect) and manufacturer collects (M-collect) scenarios in a supply chain."

第二，在一句话中，同时介绍现行研究目的及研究方法。例如，"We use a data-mining bootstrap procedure to investigate the predictability test in the eight Asia-Pacific regional stock markets using in-sample and out-of-sample forecasting models.""We used biopsy tissue form consenting colorectal cancer patients to extract DNA and carry out microarray analysis using a CytoScan HD platform from Affymetrix."

无论是用单独的语句介绍研究方法，还是整合研究方法和研究目的的介绍，都要做到用词简练，减少对篇幅的占用。

(3) 呈现研究结果。

摘要能否写好，关键在于如何呈现研究结果。撰写研究结果或介绍研究发现时，需考虑以下两点。第一，作者需界定介绍研究成果的逻辑顺序。第二，在定量研究中，作者需要确定在摘要中，是否需要提供研究过程中精准的实验数据，还是仅大致介绍研究结果或研究发现。

(4) 总结/讨论/研究意义/研究启示/对未来研究走向的建议。

很多摘要都以讨论研究意义或研究启示作为结尾部分，但它并不是摘要撰写中的必要内容。该要素旨在阐明研究发现的理论意义及实践应用价值，对未来的研究走向起到指导意义。

4.6　摘要的结构化写作方法

4.6.1　结构式摘要

还有一种摘要被称为结构式摘要。结构式摘要通常由副标题将摘要内容分成五部分，分别是研究背景(background)、研究目的(aims/objectives/purpose)、研究方法(methods)、研究结论(results)和总结(conclusions)/研究价值(implication)。

20世纪80年代,结构式摘要首先出现在医学研究论文中,后来被广泛地应用于各学科的学术论文写作中。与传统摘要相比,结构式摘要有如下特点:

(1)包含信息量更大。

(2)结构清晰、明了。

(3)使读者更容易阅读、理解。

(4)便于搜索。

(5)便于参会者在学术会议中检索。

(6)更受编辑和读者欢迎。

例如:

Purpose: To evaluate the effect of different speech conditions on background noise acceptance. A total of 23 stimulus pairings, differing in primary talker gender (female, male, conventional), number of background talkers (1, 4, 12), and gender composition of the background noise (female, male, mixed) were used to evaluate background noise acceptance.

Method: A repeated measures research design was used. Participants were 15 female and 15 male young adults with normal hearing. Background noise acceptance was evaluated with the acceptable noise level (ANL).

Results: The results revealed main effects of primary talker gender, number of background talkers, and listener gender. ANL was lower for conditions of a female primary talker and for conditions with multitalker backgrounds. Male listeners had significantly lower ANLs than female listeners. An interaction occurred between primary talker and background noise composition. For female primary talker conditions, the male talker backgrounds produced the lowest ANLs. For male primary talker conditions, the lowest ANLs were obtained with the female and male background talker conditions.

Conclusions: Background noise acceptance depends on the listener and the stimulus condition. Stimulus selection can influence the measurement of ANL. The results support the use of the commercially available ANL materials. (Source: The Impact of Listening Condition on Background Noise Acceptance for Young Adults With Normal Hearing Gordon-Hickey, S; Moore, RE and Estis, JM.)

通过以上结构性摘要可以看出,使用副标题能在排版上使结构、内容更加清晰;结构性摘要也更有利于读者、编辑对同一类文章进行浏览、对比。由于所有结构性摘要都遵循一致的写作体例,因此可以帮助读者在最短时间内锁定感兴趣的研究点。再者,副标题的使用,使摘要在内容上更完整,避免信息疏漏。

4.6.2 摘要的写作步骤

一篇好的摘要应能单独成文、结构完整、过程描述具体、生动:

(1)独立成篇。

(2)包含的信息既完整又具体。

(3)避免多余信息,总结全文。

(4)摘要突出强调的内容和论文着重强调的问题应一致。

(5)不能仅从论文中摘取关键语句,否则会限制摘要对研究信息的表述,同时也会破坏连贯性,无法凸显论文的重点内容。

指示性摘要写作步骤:

(1)重读整篇论文,在头脑中筛取主要信息。

(2)凭借头脑中的印象,不翻看原文,撰写摘要初稿。

(3)推敲摘要初稿中各主要部分。

(4)检查、修改初稿。

(5)校对终稿。

撰写指示性摘要时,第二步至关重要。写摘要时不要翻看论文,更不能将论文中的关键语句直接摘抄到摘要内。避免在摘要中加入过多信息,同时也要保证摘要撰写的逻辑性。

报道性摘要写作步骤:

(1)使用标题或表格作为摘要的结构划分符号。

(2)找出每一部分中带有关键词的语句,并用一两句话来概括每部分的研究内容。

(3)将以上步骤中出现的信息组合成独立的段落。

(4)省略对背景资料、文献综述或论文方法的详细介绍,因为上述信息不是研究重点,除非它们是研究的亮点或对读者理解主要发现有至关重要的作用时,才需要大量笔墨介绍。

(5)删减多余字词。

(6)找出初稿中结构上的缺点,逐条改进、润色。

(7)通过段落修改找到篇章组织上的不足,使各环节、语段过渡自然。

(8) 再次确认摘要是否符合投稿期刊的要求。

(9) 将写好的摘要发放给研究组成员,听取同伴建议。

4.6.3 摘要的语言特点

撰写摘要时,清晰、凝练的语言会给编辑、评审、读者留下深刻的印象,因而要避免使用晦涩的词汇或冗长的结构。摘要中应包含论文中出现的所有关键词或术语,以便潜在读者在搜索关键词时能检索到文章。

摘要在形成初稿后,也要经过几轮修改、润色,以使语言精准、简洁,达到出版字数要求。

摘要中通常使用完整语句表达,惯用一般过去时、被动语句,鲜少使用否定句、缩略语、行话、特殊符号,以及其他容易引发歧义的缩写词。摘要中的时态灵活多变,开篇的介绍语句通常使用一般现在时或现在完成时,总结语句通常用完成时。

4.6.4 撰写摘要的常用句式

(1) 介绍研究背景、研究范围、研究目的,用于支撑研究论点的研究假说。

① The relationship between... and... remains under-theorized and under-researched.

② The primary goal of this research is...

③ The aim of this study is to...

④ The article/paper investigated/investigates (introduce, describe, analyze, evaluate, explore)...

⑤ This research is an attempt to show a comprehensive understanding of the notion of...

⑥ The purpose of this research is...

⑦ The research examined...

⑧ This article seeks to analyze...

(2) 介绍研究方法、研究过程,有时伴随研究目的。

① This paper proposes a... method with... variables...

② In this work, a... procedure is used to determine...

③ This paper uses data on... to illustrate...

④ Some experiments have been carried out to test...

(3) 说明研究结果。

①It was found that...

②The data confirmed the result that...

③The results of the experiment offer clear evidence that...

④From the analysis results, we have found that...

(4) 总结。

①Findings from the investigations reported here indicate that...

②The results indicate that... has positive effects on...

③My rousing conclusion calls for more research to be done on...

④Therefore, it can be concluded that...

⑤In light of these results, we believe that...

⑥The main conclusion of this article is that...

4.7 撰写摘要需注意的问题

一篇好的摘要，应避免以下问题：

(1) 避免过度介绍研究背景。

研究背景介绍是否简洁明了，直接反映出研究问题是否有学术价值。如果能够简洁有效地对研究背景做梳理，了解研究话题的读者就会简略地浏览这一部分，进入到后续内容的阅读；不熟悉研究话题的读者却能通过阅读研究背景而提升阅读兴趣，深入探索该研究话题。

有些研究者在进行论文撰写时却对研究背景做了过于详尽的介绍，没有突出摘要的功能和作用，而把它当成整个研究的引言部分，以至于在撰写引言时，要么无话可说，要么就是在重复摘要中的某些细节问题。因而，撰写摘要时应避免出现对研究背景的过度介绍。

(2) 摘要不是论文的引言或讨论部分。

一些研究者认为，既然在摘要中已经对研究内容进行了简介，并且总结概括了研究结论，就不必在论文正文中再次阐述简介和结论，以避免重复、赘述。这种观点是不可取的，因为摘要会对论文的每一部分进行概括性简介，独立成篇。

(3) 摘要中避免出现引语或缩略词。

传统的摘要写作范式中，要规避引语和缩略语的使用，但也存在例外。在某些特定学科中，书写术语全称会显得很啰唆，规避不使用又满足不了表达需求，因而只能借助缩略语来指代术语。如果想在摘要中引用其他研究,要确保所引用的一定是近期研究。

(4)摘要中不能包含正文中未体现的信息。

摘要中如果出现正文没涉及的信息,可能会误导读者。一篇优质摘要,应最大程度保障论文的点击率及阅读量,引导读者正确理解、探索,避免出现与研究无关的信息。

4.8 关 键 词

顾名思义,关键词是学术论文中最重要的词汇,通常和研究话题相关联。读者可以通过搜索关键词,找到和自己研究主题相近或一致的论文。通常,关键词被列在摘要的最后,词与词之间用逗号隔开。除了标题和摘要,关键词的罗列能进一步强调论文中出现的关键术语,以此强调论文要点。

4.8.1 关键词的功能

通常,关键词有以下功能:

(1)帮助读者判断文章内的信息是否和自己的研究兴趣相关。

(2)向读者提供合适的术语,以便读者使用数据库搜索相同或相似研究方向的文献。

(3)便于编辑检索、收集,以便在特刊或者会议论文集中整理文献。

(4)便于读者将具体的研究问题与相关联的逻辑上层问题联系起来。

对于关键词,通常没有统一的撰写要求,鲜少有写作指导手册规范关键词的写法,论文评论者也不会单对关键词做出评价。然而,事实上,关键词如果选择得恰当,会极大提升论文的检索率和阅读量,从而提升期刊的引用率和影响分子。

4.8.2 关键词的来源

关键词有以下来源:

(1)作者提供关键词,关键词数量不受限。

(2)作者提供固定数目的关键词(比如6个)。

(3)作者从指定列表中筛选、提供恰当的关键词。

(4)编辑对作者的关键词进行补充、修改。

(5) 编辑提供关键词。
(6) 编辑从指定列表中筛选关键词。
(7) 审稿人从指定列表中挑选关键词。
(8) 遵从出版社和期刊的内部要求来筛选关键词。
(9) 校对阶段,关键词由计算机程序自动生成。

众多的关键词产生方式中,第一种最为常见。大多数作者都会在学术英语写作中自己确定关键词。关键词数量一般没有严格要求,但有些期刊也会指定作者列出 6 个关键词。第二种常用的方式是,作者自己在符合期刊"投稿须知"规定的关键词类目下进行筛选。例如,撰写医学类文章时,作者只能从医学主题词表或在线医学文献分析与检索系统中筛选关键词。另外,在校对阶段,关键词有时还能通过计算机系统自动生成。

4.8.3 关键词的特点

(1) 名词化特征。

通常选用名词充当关键词,而避免使用动词。例如表述"调查"这一语义时,选用名词 investigation,而不使用动词 investigate;表述"教育"时,选用名词 education,而不使用动词 educate。

(2) 所列关键词数量有限。

一篇论文的关键词数量是有限的。大多数文章都会列出 4 到 6 个关键词,最少列 2 个,最多不超过 10 个。

(3) 指定出处。

关键词通常是从标题和摘要中选取出来的重要词汇,因为标题、摘要涵盖了论文中最重要的词句。

4.8.4 如何选择关键词

关于如何选择关键词,有以下 10 条建议:

(1) 使用简单、具体的名词短语,避免使用动词。
(2) 避免使用过于常见的术语。
(3) 关键词不是对题目的简单复述。
(4) 语言简洁,避免使用不必要的介词,比如 in 或 of。例如,名词词组 information quality 要比 quality of information 更符合学术英语表达。
(5) 避免使用缩略语。对于不熟悉该研究领域的读者或非母语读者,很难理解缩略语的准确含义,容易被误导。

(6)避免使用数学符号,因为数学符号不便于进行线上数据库检索。

(7)除非引用的某项定理以人名命名,此时人名作为术语的组成部分必须使用,否则避免在关键词中使用人名。

(8)关键词中尽可能包含研究所用到的数学、统计学方法或计算机技术,因为它们代表研究方法,是研究结论的基石。

(9)当某一概念可以通过不同术语进行表述时,选择的关键词应该能帮助读者在最大范围内检索到相关论文。

(10)注意所选术语的适用范畴。

随着信息技术的发展,关键词的选择将不再是难题。基于相似度算法和引用等级在检索技术上的应用,只要在检索引擎上输入文章中的任意单词,相关文献会被尽数罗列。但这也意味着,科研工作被过度信息所影响,通过数据库检索出的内容,很多都和研究目标不相契合。

因而,在撰写关键词时,一定要反复推敲,慎重选择。关键词应能:

(1)描述学科类别:指出研究的学科类别。例如,经济学、哲学、管理学、教育等。

(2)描述研究形式:实验、个案研究、调查问卷、基础理论研究等。

(3)描述数据来源范畴或研究对象。

(4)研究的区域:全国、乡镇、机构内部等。

(5)描述研究对象。

4.8.5 关键词的格式

(1)按照期刊要求使用相应的术语。

"关键词"除了用 key words 表述外,还可以用 key words index, key words and phrases, indexing terms 等。具体使用哪种,要和期刊的投稿要求保持一致。

(2)放置位置。

关键词可以选择放置在摘要内容的上面或下面。大多数情况下,关键词放置于摘要的下面,与摘要正文留有几行的空隙。

(3)标点及空格的使用。

关键词的每词首字母不需要大写,关键词之间可以使用逗号或空格隔开,最后一个关键词后面不需要加句号。

第 5 章 如何写引言

5.1 什么是引言

万事开头难,作为学术论文正文的第一部分,引言也是最难写的一部分。作者需要在引言部分向读者提供必要的学术背景,以使读者更好地了解研究背景和研究基础。

引言还要向读者展示研究主题,是论文的开头,也是读者在有意向深入了解论文细节时,首先阅读的部分。因此,重要的定义、观点、关键信息都要在引言中加以陈述。

引言还带领读者开启了对特定研究主题的探讨。作者基于对研究背景的概括总结和对研究主题的理解,会在引言中设立研究范围,界定研究环境,并指出研究意义。此外,还会通过提出假说或提出一组研究问题来阐述研究目的,简要介绍研究方法,突出研究的潜在成果,并在最后概述论文的各部分结构内容。引言要交代研究的基本原理,因为这是研究基础。由此,读者才能在一开始就判断是否对研究感兴趣,是否需要详细阅读整篇文章。因此,引言一定要写得精彩,能够吸引读者,使读者有兴趣去探索你的研究发现。此外,引言中要陈述理论假说以及验证方法。总之,引言是学术论文不可或缺的一部分。

引言总是从广泛的研究背景开始写起,然后聚焦到特定的研究领域,解释研究中每一步背后的基本原理。引言的写法如同倒金字塔的结构,先从广泛的研究背景、研究环境概述开始,逐步转向具体论题或研究假设,向读者交代论文的理论框架,并向读者证明你的研究价值。

引言的字数没有严格规定,虽然要做到简洁明了,但至少也要用一、两段的篇幅撰写。引言是否独立成章,取决于论文的篇幅。由于引言部分的撰写比较棘手,很多科研人员喜欢把正文完成后,反过头来写引言,以确保不会遗漏任何关键点。如果论文篇幅很长,会编写大纲,那么在撰写引言时,围绕大纲展开,就避免了信息遗漏。

引言虽然也是对整篇论文的整体概述,但又区别于摘要。引言的任务是引入论文主题,从研究背景、研究环境入手,逐步缩小到具体的研究问题或研究假设。好的引言应能解释清楚研究问题是如何被解决的,并且能够抛砖引玉,引发读者深入探讨的兴趣,因为你的目标读者很有可能也是该研究领域的专家学者。

5.2 引言的功能

引言部分,虽占学术论文篇幅较少,但从其功能要素上来看,又极其复杂。引言通常包括如下功能:

(1) 阐明研究背景、研究环境、研究意义。
(2) 对相关文献进行梳理、简介。
(3) 指出以往研究的不足之处。
(4) 表明研究领域中的问题、争议或认知差距。
(5) 确立研究的可取性。
(6) 列出研究问题或研究假设。
(7) 阐明研究方法。
(8) 说明研究意义、研究价值。
(9) 定义关键术语。
(10) 进行研究综述或描述研究过程。
(11) 解释选题原因。

引言的众多功能要素中,最重要的有以下几个:

5.2.1 介绍研究主旨

检索论文时,读者通常会略读题目、摘要和引言,以此判断该文献是否值得进行足本阅读。在引言部分,作者向读者提供充分的研究背景信息,使读者不必查阅与之相关的文献,便能初步了解研究问题,帮助读者对整篇论文建立总体印象。

5.2.2 限定研究范围

引言对研究范围加以限定、明确研究主题后,读者才能有效地检索信息。研究范围包含论文中出现的所有参数的范围、研究主题的范围,界定研究工作是实验性的还是理论性的。

5.2.3 陈述研究目的

引言要介绍清楚论文的研究目的,阐明研究对象。研究范围和研究目的的界定,使读者不仅意识到研究的重要性,而且规避歧义,提升读者的阅读兴趣。

5.2.4 交代全篇写作脉络

通常在引言部分的结尾处,会对写作安排加以说明。但在篇幅较短的论文中,会省略这一步。交代清楚整篇论文的写作脉络,使读者提前知晓论文涉及的信息及阅读顺序。

5.3 引言的要素

引言通常包括三个要素:文献综述或对前期理论基础的介绍,对现存研究问题的说明,阐明现行研究的目的及意义。

文献综述介绍了研究领域内已经做了什么、取得了哪些研究成果。对现存研究问题的说明,揭示了论文的研究视角及创新点。例如,论文有了某种新发现,应用了从前未采纳过的研究方法,或使用了以往没发现的新材料,或在研究过程中考虑到了以往被忽略的影响研究结果的因素。通过阐明研究问题,将读者的关注度聚焦在现行研究上,从而引发读者的阅读兴趣。

引言部分在篇幅上应短小精炼,但也没有严格的字数限制,主要作用是通过介绍研究背景使读者了解该研究领域。

5.4 引言的构思方法

撰写引言时,可遵循以下步骤:

5.4.1 以介绍研究背景开篇

为吸引读者的阅读兴趣,在介绍自身研究内容前,应回顾领域内的相关研究文献,介绍研究的理论背景知识、理论框架、近期的研究进展。例如:

In recent years, AI has been successfully used in many real-world applications due to its ability to learn and automatically extract patterns from complex and non-linear data. In particular, Machine Learning (ML) and Deep

Learning (DL) techniques have been used for classification, forecasting, prediction, recommendation, and data generation. The success of these techniques and their application in critical areas, such as finance and healthcare, among others, has made it necessary to understand these models' underlying mechanisms and their often opaque outputs. XAI has emerged as a response to this demand, as it seeks to develop methods for explaining AI systems and their outputs. In the other words, increasing use of AI-based systems, especially in critical areas, has made XAI an area of study with a significant practical and ethical value.

从上面这篇引言的节选可以看出，作者开篇对研究对象的研究发展、应用范围进行了介绍，使读者初步了解研究基础。

5.4.2 进一步提出现存研究问题

介绍完研究领域内已取得的研究成果后，可将笔锋转到现存的研究问题或研究的不足之处，指出研究进一步改进的方向。例如：

Despite much progress in XAI in the last years, many questions and problems require further analysis, reflection and exploration.

These studies and reflections highlight the maturity reached in XAI research, signifying that it is open to debates about its development and usefulness, but also making recognizable that open problems are often viewed through isolated perspectives and narrow viewpoints. Therefore, the community urgently needs a global vision and a discussion about how to move forward in the future development of XAI.

5.4.3 着重介绍当前进行的研究

在总结前人研究的基础上，尤其是指出前人研究的不足之处或存在某些有待解决的问题，作者通过阐述自己的研究目标、创新的研究思路、先进的研究方法、采用的新材料、考虑的新因素等，自然而然地将读者的注意力转移到当前研究中。例如：

This research manuscript addresses this need by bringing together a wide range of experts to collaboratively identify and tackle open problems in XAI research. Our deliberations and proposals aim to place XAI at the centre of the current debates on AI regulation, trustworthy AI, and auditability of AI systems, identifying directions that could catalyze XAI in real-world applications, thus enthroning it as a fundamental piece in AI governance.

5.4.4 阐明写作框架

为了使读者能清楚地了解、跟随作者的写作思路,在引言中,应对论文每一部分的主要内容及功能做简要说明。用来描述论文框架的句式如下:

Overall, the structure of this paper is as follows.

This paper is divided into... sections as follows.

This study consists of... chapters, namely...

Chapter one is the introduction of the whole paper, including...

Section two concentrates on...

段落介绍如下:

This paper consists of four chapters: chapter one opens with the theory of... chapter two develops the theory by observed facts and collected data; chapter three analyzes the data and features of the observed facts; and chapter four makes a conclusion of the paper by illustrating the significance of...

5.5 语步分析法

撰写引言时,作者需要思考很多问题,例如,目标读者对于研究背景的了解程度,从研究背景介绍到具体研究问题的提出需要多少铺垫……如何使引言成为作者和读者沟通的桥梁,有效传递信息呢?除了常规的段落写作,还可以遵循斯维尔(Swales)的语步分析法框架进行撰写。

斯维尔提出,语体是一组约定俗成的交际事件,在这些交际事件中,通过话语的传递达到社会交往的交际目的。当斯维尔将语体分析的方法应用于学术论文研究后,通过对14种期刊内的多学科论文进行分析,斯维尔找到了这些论文引言部分的共性。1981年,斯维尔提出了四语步分析法,用来解释特定文本的修辞结构,包括确立研究领域、总结前人研究、准备当前研究,以及介绍当前研究。1990年时,斯维尔又对模型进行了改进,提出"建立学术研究空间"(create a research space,简称CARS模式)。CARS模式包含三个语步,每个语步又细化为必要或可选的语阶。三语步分析法具体如下:

语步 1:确立研究领域(Establishing a territory)。
语阶 1:提出中心议题,并/或（Claiming centrality,and/or）。
语阶 2:概括议题内容,并/或(Making topic generalization(s),and/or)。
语阶 3:回顾已取得的研究成果(Reviewing items of previous research)。
语步 2：确立研究空间(Establishing a niche)。
语阶 1A:反面论证,或(A counter-claiming, or)。
语阶 1B:指出研究差距,或(Indicating a gap, or)。
语阶 1C:提出问题,或 (Question-raising,or)。
语阶 1D:拓展前期研究成果 (Continuing a tradition)。
语步 3:填补研究空间(Occupying the niche)。
语阶 1A:概述当前研究目的 (Outlining purposes)。
语阶 1B:陈述当前研究(Announcing present research)。
语阶 2：宣布研究的主要发现(Announcing principal findings)。
语阶 3:介绍论文结构(Indicating RA structure)。

语阶中的逻辑关系指示语"并/或"表明,在学术论文撰写中,不必包含所有的语阶。但是,在引言中,语步 2 中的 4 个语阶缺一不可。语步可以反射出论文的写作路径,第一步先讨论要确立的研究话题;第二步在研究领域内确立研究空间,进一步讨论研究问题;第三步阐述研究目的及论文框架。下面具体分析每一个语步的含义。

语步 1:确立研究领域 。

(1)作者可以适当表达研究领域的重要性、中心议题的学术地位,以上为可选项,不需要在论文中全部呈现。

(2)介绍该研究领域内已取得的研究成果(必备项)。

语步 2:确定研究空间。

通过指出前人研究的不足,或提出一个尚未解决的问题,或从新的角度重新审视理论,确立研究视角(必备项)。

语步 3:填补研究空间。

在确立研究空间的基础上,阐明研究目的,指明研究性质,列出要解决的研究问题,尝试证明的理论假说,并公布主要的研究结果(必备项)。

每一语步的关键要素内涵分析及常用句式如下:

(1)语步 1 确立研究领域。

语阶 1 提出中心议题,为目标读者阐释研究发现的重要性。

常用句式：

①Recently, there has been growing interest in...

②... has generated great interest in...

③The study of... has become an importance for...

语阶 2 概括议题内容，描述该领域的研究现状，并采用近期的一些研究成果支持你的观点。

语阶 3 回顾已取得的研究成果，回顾近期重要的研究成果，阐明这些研究成果和当前研究之间的联系。

语步 1 中常使用的时态：

① 使用一般过去时：描述已取得的研究成果。例如，XXX investigated the causes of...

② 使用现在完成时：描述当前的研究领域。例如，The causes of... have been investigated by...

③ 使用一般现在时：描述当前研究状态。例如，The causes of... are...

一般过去时和现在完成时都强调前人的研究成果，常用于社会科学领域。一般现在时强调当下的研究发现，常用于医学类科研论文中。

(2)语步 2 确立研究空间。

语阶 1A 反面论证，阐述现有研究如何弥补、改进原有研究的弱点或局限性。

语阶 1B 指出研究差距，说明研究领域内的不足之处或某一特定研究主题存在研究空白，并用已有的论文来佐证，进而指出现行研究可以填补研究空白或改进研究缺陷。

常用词汇如下：

① 使用否定含义词汇。

例如，little（修饰不可数名词）。

However, little research/work/data/information...

又如，few（修饰可数名词）。

However, few attempts/investigations/scholars...

但要避免使用过于绝对的否定词。例如，不能说"no studies"。

② 使用负面语义动词 disregard, fail to..., ignore/ neglect, overlook, be restricted to, misinterpret 等，来表述研究不足。

③使用形容词 questionable/controversial/inconclusive/ unsatisfactory 等描述原有研究的弱点或局限性。

语阶 1C 提出问题,概述已有研究成果后,要指出仍需解决的研究问题,这一研究问题恰恰就是你的论文研究话题。

语阶 1D 拓展前期研究成果,阐述现行研究是如何在前期研究成果基础上进行拓展的,如何进入和前期成果相关联,但又从未探索过的具有创新点的领域。

(3)语步 3 填补研究空间。

语阶 1A 概述当前研究目的,介绍当前研究目的,常用句式 The aim of this study is to...

语阶 1B 陈述当前研究,常用句式 The author describes the main feature of the research.

引言中,语步 3 中的语阶 1A、1B,至少要选择一个作为必写项,语阶 2 介绍研究的主要发现,语阶 3 介绍论文结构则是可选项。

5.6 引言撰写的几点建议

写完整篇论文时,就会对研究了然于胸,再回头审视整篇论文,更容易归纳所有的重点内容,形成引言部分的内容。

(1)简短。

冗长、目的不明确的引言会使读者失去阅读兴趣。引言一定要遵循论文的大纲,用和大纲一致的顺序、结构展开。

(2)界定清楚研究问题。

引言要在逻辑上交代清楚研究问题、主要观点或研究假设。

(3)阐释清楚研究主题。

引言通常以研究背景、研究现状开篇,再聚焦到特定领域内的研究主题。我们把这种从一般到特殊的具体化写作过程称为倒金字塔写法。论文是为学术观点服务的,研究主题是论文中最重要的一环,但它却可以用一个语句就表述清楚,而不需要长篇大论。

(4)斟酌引言的篇幅。

引言应简练、吸引读者,同时又要交代清楚论文中出现的所有主要问题。

(5)提及关键词。

引言中应该出现所有关键词,以此提高论文的搜索点击率。

(6)遵照逻辑规则。

逻辑衔接词的使用可以使文章更连贯。论文正文一定要给出问题的解决方案,可以写完整篇文章后,反过来重新润色引言中的内容,回顾整篇论文的结构框架,数据收集的方法,对研究结果的公布及分析,以及总结全篇。

(7)引言开篇避免以下问题:

①用阐述常识的句子开头。

②以记叙文的口吻讲故事或陈述发生的事件。

③以定义开篇。

④开篇提及某一特殊文件或某权威学者的论断。

⑤提出过于宽泛或具体的论题。

(8)论文重要性的表述:

①要具有普遍适用性。

②要与文献相关。

③不能仅从实践角度阐明。

(9)通常将研究目的放在引言结尾,常用句式如下:

①The purpose of this study is to...

②This paper describes and analyzes...

第 6 章 如何写正文

6.1 研究基础——如何写文献综述

　　文献综述有时可以包含在引言部分,但作为研究基础,有时也可独立成章,是正文的开篇部分。对前人研究成果的正确回顾也是科研写作的一项重要品质,因为只有充分了解前人在选题领域内已经做了什么,才能做好下一步的研究。因此,介绍正文的写作方法,首先要弄清如何写文献综述。

　　在任何研究领域的科研活动中,都有大量的知识以书籍、前人的研究论文、专业期刊文章等形式存在,在同一领域内想要开展研究的学者都可以参考这些知识。如果忽略这一知识体系,说明作者没有了解必要的研究背景信息,这样的研究也无法让人信服。

　　有些文献综述对前人研究的开创性进行了总结,或强调某种研究方法对未来研究走向的影响意义。还有些文献综述是描述性的,系统回顾某一研究领域内的重要文献。无论哪种方式,文献综述都为研究者提供了全面了解该研究领域的途径,推动了学术研究的发展,对学者、研究者、学生都有着深远的意义。

6.1.1 文献综述的内涵

　　文献是用来学术交流的,公开出版发行的研究成果,并可在学术网站、文献数据库内通过检索查阅到的文章;读者需要有一定专业背景才能理解、消化。文献区别于可以从维基百科直接概括出来的普通常识,也不是搜索引擎直接发现的信息,因为大多数文献需要付费阅读,搜索引擎可能会遗漏很多关键信息。

　　文献是调查与特定问题、研究领域或理论相关的学术资料,对研究工作进行描述、总结和批判性评价,对某一研究主题进行重要概述。通过对已有研究背景的介绍总结,为当前研究提供未来的研究方向。

6.1.2 撰写文献综述的目的

　　无论是期刊文章还是学位论文,都会对重要文献进行回顾。回顾文献的目的在于：

(1)说明该领域的研究历史。

(2)回顾在特定时间段内完成的研究。

(3)指出推理论证的发展脉络。

(4)对某一特定观点进行评价。

(5)找出所回顾文献的不足，指出未来的研究走向。

不同的撰写目的界定，决定了作者如何进行文献回顾。通常，作者会先介绍文献涉及的一些重要概念，再借助网络搜集素材。可以通过线上数据库获取文献全文内容，也可以给作者发邮件索要原文，以便在实验、研究中引用。

6.1.3　文献综述的功能

(1)确立研究背景。

(2)说明研究问题的重要性。

(3)阐述先前的研究程度，包括差距和不足。

(4)确保当前研究以往没有做过。

(5)理解研究问题的结构。

(6)展示作者在该研究领域内的深厚知识储备。

(7)综合前人观点，形成自己的学术观点。

(8)为未来的研究指明方向。

6.1.4　文献综述的特征

(1)信息丰富并且视角具有独创性。

文献综述要对某一研究领域内的相关文献进行梳理总结，因此要提供充分的信息，并且确保独创性。文献综述，一方面，要保证原始文献中概念、观点的正确转述；另一方面，又要用自己的语言表达出对文献的理解和评价。文献综述应能用一种创新的方式来解读某一特定领域的现象，并对该领域内观察到的特定关系或效应提供独特的见解。

(2)明确理论框架。

因为可以用不同视角、方法去理解先前的研究成果，在文献综述中需要整合学科出现的理论，帮助读者更好地理解文献的理论基础，这一点在理论丰富的学科中体现得尤为突出。

(3) 可靠的研究基础。

研究综述写作中,要充分考量研究发现的信度。正如一项研究需要使用以前的研究结论作为最新的实证研究基础一样,研究综述的作者需要考虑前人研究结果的信度,为下一步研究打下可靠的基础,帮助读者形成新的研究思路。

(4) 有合理的研究方法。

大多数研究者在准备研究阶段,都希望查阅到精辟的,而且能够全面概述相关研究领域内重大研究成果的文献综述,借此找到自身学术盲区。因此,撰写文献综述时要确保没有遗漏任何重要的研究细节。另外,文献综述也不能无故忽略掉对重要文献的介绍,因为这会严重限制论文的信度及影响力。

此外,文献综述需要采用恰当的、系统的学术英语写作方法。例如,在描述定量研究中使用分析法,在定性研究中识别研究现象,并能准确叙述研究出处。

(5) 推进后续研究。

如果文章能促进读者深入思考,为今后的研究提供有效建议,引发讨论,那就是一篇质量上乘的文献综述。文献综述在描述前人研究成果的基础上,发现创新点,为研究主题提供新的见解,可以拓展出新的研究视角。

在特定研究主题上推进思路还可以促进后续的探索研究,推动研究工作深入开展。为了实现这一目标,文献综述会为未来的研究工作提出一些建议,提出一些新的问题,或者为后续研究设立假说。以上这些要素都对后续研究工作起到了驱动作用。

理论家和研究人员经常在特定问题上持有不同甚至截然相反的观点,文献综述为学者提供了讨论、争鸣的素材。文献综述不仅是未来研究发展的催化剂,还为研究领域内未解决的问题提供了辩论依据。

(6) 对读者友好。

文献综述需要借助学术写作文体,用有效、清晰的语言来交流思想,阅读文献综述应是保持科研热情的最佳途径,当研究者想要步入一个新的研究领域时,阅读文献综述也是最便捷的方式,帮助研究者建立该领域的知识体系。因此,在文献综述中,过于专业的术语及特殊的缩略语应该避免使用,因为它的潜在读者不一定是该领域内的专家。

6.1.5 文献综述的组成要素

如果是单独成文的文献综述,通常包括标题、摘要、引言、正文主体及总结部分。

文献综述的标题需要满足两点要求。第一,包含关键术语,明确文章的综述性质,可以"×××文献综述"命题。第二,标题要简洁,必要时,可使用副标题加以辅助说明。

摘要部分应该向读者介绍主要研究对象,研究成果,以及文献综述带来的启示。

引言部分介绍研究背景,提出研究问题,明确研究综述的写作动机,比如是为了修正理论还是改善实证研究,并且在引言部分介绍文章结构。

正文部分又可以依据不同的研究话题被进一步细化,通常以标题或副标题为划分标记,分级标题如果使用得当,会帮助读者更好地梳理文献。

总结部分通常会以"启示""讨论""展望"作为标题,对引言部分提出的研究问题做出回应,或者通过对研究成果的分析,引发读者思考研究发现带来的启示意义。通常在总结部分会提出尚待解决的问题,以此激励读者继续进行探索研究。

6.1.6 文献综述的写作方法

文献综述的正文没有固定的写作模式,但通常可遵循以下几种展开方式:

(1)按时间顺序。按照文献发表的先后顺序,或是某一研究角度、技术手段、不同流派等的发展趋势进行介绍。

(2)以研究问题为序。以研究问题或研究范畴为分类标准,强调各文献的具体研究问题和主要研究范畴之间的关系。

(3)论述法。根据不同的研究问题,将文献整理分类,依照研究问题的角度逐一进行阐释。

(4)分类法。将文献以国别进行划分,国内外文献分别介绍;或者按照文献的研究视角进行分类整理,逐一阐述。

(5)对比法。对比分析文献的不同观点或结论,引发读者深度思考。

(6)按研究方法分类。和依据研究问题分类的方法类似,将研究方法相似的文献整合在一起,阐述研究方法对研究结果的影响及作用。

(7)从一般到特殊。先从广泛的研究入手,再聚焦于契合研究话题的某篇具体文献。

6.1.7 文献综述的引用方式

撰写学术论文时,主要有三种方式在写作过程中引用前人研究。但要注意的是,不能把其他学者在该领域内的研究内容事无巨细地再描述一遍,而只能直接或间接的表述方式将其中的核心内容或和当前研究关系紧密的内容进行概述。文献综述部分中,大致有三种方法用来表述前人研究内容:直接或间接引语;转述他人话语;对篇幅较长的、契合研究话题的文章进行概括总结。

(1)直接、间接引语。

学术英语写作中,引语并不是只能用在文献综述部分,其他章节也同样可以使用引语。值得一提的是,直接引语或间接引语的使用,可以提升当前研究的信度。经过调研后引用其他文献佐证当前研究,可以体现作者对研究对象、内容的把控力。有时,一些研究主题的背景信息会过于庞杂,需要研究者去筛选最能支撑自己观点的文献来源。筛选出相关信息后,研究者应直接或间接地记录下信息所表达的内容,在论文中加以使用。

需要注意的一点是,无论是使用直接引语还是间接引语,不能喧宾夺主。写作中,不能只是单纯的使用大量引语,因为使用引语的目的在于探讨引语和研究话题的关联度。在一些学术论文中,很多研究者都只是在文章中使用大量的、篇幅较长的引语,却忽略了对引语及当前研究之间的关系探讨,没有做出评价。在篇幅较长的文章中,例如硕博学位论文,出现大段引语或许是合理的,但在期刊论文写作中,对于引语的使用量应仔细斟酌。下面结合三篇论文中文献综述的部分内容为例,说明如何使用直接、间接引语。

例如:

① One of the criticisms of using parallel corpora, mentioned by Mauranen (1998) has been that "translated language is different from original language". Mauranen (1998) states that this is related to "a search for translation universals, i. e. features that make translated texts special... We have grounds for hypothesizing such strategies as for instance simplification, explicitization, overcompensation with target-like features, etc". (Quotation in the Introduction)

② Gu Chenghua and Wangli (2012) compare traditional English writing teaching with multimedia network supplementary teaching in their research. They get the conclusion that students have the marvelous interest in JuKu Correcting Net during English writing teaching from empirical research.

③ Li Jie's (2012) research focuses on the efficiency of students' group interaction in writing teaching class. In her thesis, the writer shows many ways to improve the efficiency. The writer doesn't agree with the traditional English writing teaching model, and the writer advocates the group discussions in writing class.

例①中，criticisms 一词表明了学术立场，并使用动词 mention，state 介绍清楚引用论点的出处，接下来又使用引号，将作者原话直接呈现，表明研究内容。例②中，开门见山地介绍所引学者信息，接着使用 compare 这一动词，描述了研究方法；第二句中 get the conclusion 又引出研究结论，简洁明了的概述了整个研究过程。例③中，首句中的动词短语 focus on 揭示了研究对象及研究目的，第二句中使用动词 show 揭示了研究内容。第三句使用动词 doesn't agree with，advocate 体现了学术立场。通过一系列动词的使用，使间接引语语句连贯，衔接自然，清楚明了。引用所占篇幅取决于研究目的，但大段的引用一般只出现在文献综述这一部分。如果论文其他部分也需要引用前人成果，一般需要单独成段，并且格式上需要缩进。

(2) 释义。

释义，就是在不改变原意的基础上，将其他来源的材料用自己的话进行改写。释义要遵循两个原则，一是不能改变原文含义，二是对原文内容不能缩减。在语言使用中，我们可以通过不同方式的表述来表达同一种含义，这就是释义的作用。例如，通过同义词替换，被动句、主动句之间的转换，直接引语变间接引语，缩写或扩写句子等，都可以实现释义。好的释义，可以帮助读者更全面地理解原文。因此，使用释义的前提是熟读原文。在进行释义前，基于原文撰写大纲，梳理重要内容，避免疏漏。以下是摘自读写教材中的课文片段及释义，请对比原文和释义的不同之处。

原文：At that time, it truly made sense, though. I was extremely obsessed with the magnificence of massive engineering structure.

释义：However, back at that time, it was very reasonable to me because I was completely fascinated by the brilliance of huge engineering structure.

释义中增加了连接词 however，揭示了上下语段的转折关系。并使用了同义语替换策略，例如 be fascinated by 替换了 be obsessed with，magnificence 被替换成了 brilliance，massive 被替换成了 huge。释义中通过使用简单词汇帮助读者更容易理解语句含义。

原文：Many of his co-workers called him a workaholic, while he thought he was more like a "lunatic".

释义：Though many of his colleagues liked to call him a workaholic since he worked a lot, he would call himself a lunatic who was crazy about his work.

释义中不仅使用了同义词替换策略，将 co-workers 替换成 colleagues，还增加了对 workaholic，lunatic 的解读，使读者更清晰两词语义上的差异。

原文：To reinforce this essential message, success in moving through the odyssey years will come to those who don't expect to achieve their goals right away but know that they must have the strength, capacity, and confidence to endure over the long term.

释义：To emphasize this important message, success only belongs to those young people who are not too anxious about their immediate achievements toward their goals but have fine qualities such as strength, capacity, and confidence to stay strong through the long odyssey years.

这段释义也同样使用了同义词替换，例如 emphasize 替换了 reinforce，important 替换了 essential，stay strong 替换了 endure，语言更加平实易懂，并且对原文中出现的 odyssey years 进行了解读，帮助读者更好地理解文章内涵。

(3) 总结。

在学术英语写作中，常通过缩写的方式来总结概括以往文献，用来支撑论文的研究基础。不同于释义，总结使用的篇幅更短小。对原文进行总结概括前，同样要依据原始文献撰写大纲，总结只需要包含最关键的主要论断。以下是 Oshima 和 Hogue（1981）依据大纲，对原始文献做出的总结概括，请对照分析原文和总结的不同之处。

原文：

For generation, Americans have researched their parts to discover who their ancestors were. In recent years, many more people have developed an avid interest in their genealogy and the cultural heritage of their ancestors. This interest was sparked for two reasons. First, American celebrated the bicentennial of the United States in 1976 and paid tribute to the country's history. Second, and more recently, the book Roots, which traces the family history of an American black man named Alex Haley back to Africa, was serialized on national television. As a result of these two events, a new pastime for thousands of Americans was created.

大纲：
American research into background；
Ancestors；
Cultural heritage；
Reasons for research；
Bicentennial celebration；
Roots.

总结：
Recently, many Americans have become interested in researching their backgrounds in order to identify their ancestors and learn about their cultural heritage. This interest in genealogy began with the U. S. Bicentennial celebration and intensified with the televising of the family history of Alex Haley, a black American.

总结概括后的语句比原文更精练，篇幅更短小，更适合被引用在文献综述中。借助大纲，提炼出段落的重要信息，并重新组织语言，用更精练的语句串联大纲中的信息，使得语篇连贯、语义紧凑。

6.1.8　文献综述的语言特点

学术论文写作中，不仅要关注、回顾研究领域内和当前论文研究相关的重要文献，而且还要批判性地审视其他文献，在引用的前人研究成果与自己论文之间搭建起逻辑关系。

在论文中对引语进行评价时，转述动词起到了重要的作用。像"say"或"write"这样的动词，具有客观描述性，不带有对作者的任何主观评价，仅仅是在转述原文献作者的观点。但"criticize"或"object"这样的动词，就带有强烈的主观感情色彩，暗示研究者的学术立场及偏好。

6.1.9　文献综述常用句式

(1)下定义或解释术语。

×××is defined as.../...has been defined as...By...is meant.../By...we mean...

×××refers to...×××includes...×××is/can be classified into...There are...kinds of...

×××　is a common disease that...

×××　is known to be a common disease that...

（2）介绍研究背景或学术争议。

It has been found/reported/proved that...

It is generally recognized/agreed/accepted that...

It is thought/regarded/considered that...

...remains an unsolved problem.

Two theories have been postulated to explain...

The first theory proposes that..., whereas the second theory proposes that...

Some papers have reported that..., however, other groups have disputed these findings.

Several initial studies seemed to support his concept.

（3）介绍研究内容和研究目的。

The purpose/aim/object of this review is to...

The pertinent literature is reviewed.

This article reviews.../We review...

This review will concentrate on...

In the following, a brief review is given of/about...

In this review, we aim to highlight...

We will review published studies on...

We will focus on...

This review focuses on...

The following paper reviews...

No attempt will be made to convince the reader that...

（4）阐述已有研究的局限性。

However, despite this interest,... are still not well understood.

Nevertheless,... do not show close relationship between...

However, there is little definitive information concerning...

However, previous research in this field has concentrated on (failed to consider)...

However, previous research in this field has been limited to...

...this lacking connection between them.

Nevertheless, these attempts to establish a link between... and... are at present incomplete (inconclusive, unconvincing, unsatisfactory, questionable).

Although considerable research has been devoted to..., rather less attention has been paid to...

(5)揭示未来研究方向。

It would thus be of interest to learn how...

...could possibly be achieved with further study...

It would seem, therefore, that further investigations are needed in order to...

Further research is still required with respect to...

...this method is impracticable in...

...have been well documented, there is still much to be learned about...

综上,这一部分介绍了文献综述的内涵、撰写目的及功能,并着重介绍了文献综述的撰写方法,分析了几种文献综述的展开方式,主要目的是帮助作者如何借助直接引语、间接引语、释义及总结归纳等方式对长篇幅的文献进行概括提炼,应用于当前写作中。但应注意,文献综述不是简单地介绍前人的研究成果,而是要用批判性的眼光审视、评价已取得的研究成果和当前研究有什么逻辑关联。文献综述不需要长篇大论,面面俱到,但提到的文献、成果一定是和当前研究主题休戚相关,对研究的未来走向有重要影响的。

6.2 研究方法

6.2.1 研究方法的功能

学术英语写作中,研究方法,顾名思义详细介绍了研究所采用的方法,并向读者交代清楚选择某特定方法的原因,将研究问题转化成了详细的实验操作方案,是写好学术论文的基石。判断研究方法撰写是否成功,可以通过读者阅读后是否能对实验进行复盘来检验。因为研究方法的写作意义就在于帮助研究者找到恰当方法,复制方法并得出论文类似的结论。因而,读者通过研究方法提供的信息,可以判断研究的有效性及效度。效度包含内部效度和外部效度。内部效度指实验结果的可信度;外部效度指研究引发关注的程度。因而,研究方法的功能可以概述为以下两点：

(1) 描述实验设计过程并提供充足的实验细节，使其他研究人员阅读后，可以复刻实验。

(2) 提供充足的实验数据和信息，使读者对实验方法的适用性做出判断，并能检验研究发现的效度。

撰写研究方法最基本的原则就是，要用和研究相关的、准确的术语告诉读者，这项研究做了什么，以及为什么这么操作。写作目的旨在向读者详细描述研究方法。因此，按时间顺序描述研究各进程，会使这部分内容更具可读性，需向读者交代清楚实验参与者，对实验材料的描述，对实验结果的预测，并向读者清晰、准确地描述实验环节，解释各环节的设立原因。从某种程度而言，研究方法和研究材料介绍部分就是对整个实验过程的描述。

6.2.2 研究方法的主要类型

研究方法大致分为两类：定性分析和定量分析。

定性分析可以通过专家访谈、文献综述、个案分析、个人、团队实验观察等形式来收集、测量数据。定性分析通常应用于人文社科研究领域，帮助研究者更好地熟悉该研究领域，并证明或反驳数据相关联的理论。

定性分析又细化为以下几种常见方法：参与观察、直接观察、无结构式访谈、个案研究、焦点小组。参与式观察是这几种方法中最常用的，而且是要求最高的，需要研究者深入到研究对象的生活背景中，在实际参与研究对象日常社会生活的过程中进行直接观察。在直接观察中，研究者只充当客观的观察者，尽量在整个研究过程中不引起研究对象的注意。无结构式访谈没有事先准备好的大纲或问题，研究者有足够的空间依照研究目的拓展话题。但是，对无结构式访谈下的数据进行分析却是个不小的挑战。焦点小组访谈采用座谈形式，由主持人以无结构访谈形式进行，针对某一主题展开自由讨论，从而获取数据。焦点小组可应用于各种动态关系的调查分析，研究态度、观点、动机、发展趋势等。

定性分析方法很灵活，参与者可以给出充满细节的、有深度的应答。研究者需要做的是抓住时机研究参与者的回答，在分析、公开数据前清除存有歧义的地方。研究者以此开始探究具体案例，通过观察分析，进行归纳总结，使新得出的信息能适用于更广泛的群体。

定量分析在自然科学研究领域内被广泛使用，首先提出理论假说，再通过实验观察，收集、分析数据，用以证明或否定理论假说。例如，研究者提出我国心脏病是致死的主要原因这一假说,接下来就要通过研究证明或否定这一假说。定量分析常用于调查研究和实验中,研究者需要通过实验解决某些具体问题。调查研究中,通常需要设置固定数量的回答选项,从1到10不等,并将数据进行统计、分析。

定量分析在严格的操作规范指导下,依照某种实验方法得出数据,并进行统计分析,这一过程要求研究者对定量分析方法中涉及的各要素了然于胸。研究者在使用定量分析时,不一定要和研究样本有过多的接触。通常,数据已经由其他研究机构事先编译好了,或者研究者事先就设计好了调查内容。定量分析适用于确定研究结果,证实或否认理论假说。通过对研究结果的数据分析,形成综合观点,并对研究结果进行讨论、公开发表。如果设计合理,定量分析会过滤掉外部影响因素,得到真实、公正的研究结果。

在报告样本的研究结果时,要在样本、品类和数据中使用带有编号的表格、数字、软件、图标和其他工具,以此突出要讨论的研究结果。

6.2.3 研究要素和构成

研究方法这一部分,是对实验的细节进行描述,通常包含以下几个要素:受试者(参与者)、研究材料、研究设计及研究过程。

(1)受试者。

受试者用来描述对谁或什么事情进行了研究活动,同时要说明实验对象(是植物、动物或人类等),实验前的处理和护理工作,如果研究地点和时间也是重要因素,那么也要介绍清楚。另外,受试者也描述了参与研究的人员。参与者是如何被取样的,以及参与者的各项特征都需要交代清楚,包括参与人数、性别及其他关键因素。这一部分应向读者解释清楚:这些人为什么能成为受试者?通过什么方式被选中的?谁收集了数据?如果研究是小组活动,不能只讨论个人数据,同样也要表明小组是如何取样的,小组成员的年龄、性别,如何被入选为受试者,以及任何对解释结果影响重大的因素。

(2)研究材料。

材料是能够被测量的变量。当论文中需要引用某一特殊实验,调查问卷,或其他书面、多媒体信息时,需要提供相关的实验、研究材料。如果研究材料已经被公开过,只需要简单描述,并且指出出版来源。如果是原始材料,那么则需要对其进行详细描述,并在附录中提供副本。

介绍研究材料时,要注意阐明选用原因、研究材料与研究目标的关联。要让读者清楚使用的研究材料和研究目的之间的联系,并且这种关联性会影响研究的效度。另外,还要向读者保证研究材料来源的可靠性。因为研究材料来源直接影响到研究结果的信度。

"材料"部分中要提供研究中使用材料的名称、具体的描述及功能介绍。可以使用研究工具或调查作为副标题,并加以阐述,对研究方法加以评价,也可以把实验材料、样本的具体信息放到附录中。

研究材料介绍,要对研究中涉及的变量加以说明,采样中设计变量时,可以参考量表或反应量表,并阐明变量的相互关系。如果研究在某理论假说支持下进行,也要介绍理论假说内容,交代清楚假设中的自变量和因变量,基于变量的哪种关联建立假设,假说中是否遗漏掉其他可能影响研究发现的变量,这就需要研究者遵照理论框架和前人研究基础对假说进行逻辑推理,使用当前研究数据来证明自己的判断、推测。

(3)研究设计及研究过程。

此处,要向读者交代清楚研究涉及的受试者或参与者是如何参与到研究活动中的,例如,受试者如何参与问卷调查,被访谈了哪些问题。研究设计和研究过程可以结合在一起写,因为研究过程就是在描述整个研究是如何设计的;数据如何被收集、统计的;受试对象如何被检测;受试对象会接收哪些指令;实验程序具体包含什么;实验中的变量如何被控制的;实验过程中使用了哪些具体条件来控制、保障研究的内部效度;是否规避了对研究结果可能产生干扰的变量;研究是否在内部效度和外部效度之间取得了平衡。最后,梳理清楚用于后文分析研究结果的统计数据。

6.2.4 如何撰写

(1)写作原则及内容。

研究方法的主要任务是,介绍清楚当前研究问题、描述研究中所要遵循的方法是如何被制定、应用的。研究问题通常会被细化,转述成更具体、细致的标准,使语言更精确凝练,易于读者理解。写作过程中应遵循以下原则:

① 语言清晰明了。

在研究方法中列出所有的调研问题,并且对问题、标准的介绍一定要清晰明了。如果列出的问题多且复杂,不必在正文部分面面俱到地介绍,可以把问题放在附录中展示,研究标准篇幅过长时可将之放置在附录中。正文只需要将调研问题、各研究标准进行归类,阐述共性特征即可。

②与研究目标密切关联。

问题和标准的提出必须有明确的动机。也就是说，研究目标和实验方法、实验操作之间存在密切的关联性。提出的问题和标准要为研究目标服务，能够支撑研究目标的实现。这也正是检验论文效度的地方。

③与研究理论相关。

很多研究都是基于前人的理论或研究方法提出了新的问题或标准，因而，研究者需要在本章中阐述如何将理论转化为问题及标准的。

④描述研究中使用的生物体。

介绍生物体的来源与供应，收集途径，生物体的数量，实验前如何管理，如何喂养。在遗传学研究领域，还要描述生物体的品种及遗传特性。

⑤描述实地研究的场地。

对研究场地的描述中，介绍和研究目的相关的地理环境和生态环境，包括实验日期、具体场地，研究场地的数据需尽量精准，最好能指出实际的经纬度。因此，可以借助地图更客观、准确地描述实验位置，以便其他研究者可以实地考察、检验研究成果。如果是实验室内的实验操作，则不需要交代研究日期和地点。

⑥清楚描述实验设计。

描述实验设计时，要介绍测试的假说、实验的控制、处理过程，对变量的测量、实验操作的次数、数据的形式等。在描述实验过程时，一定要使用相关变量及实验目的来命名，避免歧义。

⑦对数据进行解读、分析。

学术英语写作中，通过展示、解读、分析数据来分享、构建、验证学术观点或研究结果。在表格、图表等数据展示方式中，我们要选择一种最有效、最合适的方式进行展示、解读、分析。解读数据时，应优化语言，传达、解读数据的含义及重要性。

对数据进行整理、回顾，是为了检验实验结果是否达到预期实验目的。因而，研究者需要分析数据，指出数据的含义。基于数据构建学术观点对学术英语写作来说至关重要。数据通常以表格、图表及其他非文字的示意图方式展现，可以从其他文献引用，也可以是自己的实验数据，正文要对数据进行合并展示，有些论文也会将完整数据单独放置在附录中。

首先，应尽可能清晰有力地呈现数据。在学术英语写作中，展示数据是为了提供证据，用以支持或者反驳假设。为了实现这一目标，作者在突出重点数据的前提下，必须将所有必要的数据都呈现在论文中。所以，整理数据时，只筛选论文需要的数据。

(2)数据的呈现形式。

根据不同的学科要求,研究目的及研究者个人喜好,数据的呈现形式也不尽相同,如何优化数据,将数据系统地展示给读者,可谓是一门视觉化艺术。

表和图是展示数据最常用的两种形式。图包括柱状图、饼状图、折线图、图解。将表及图用于论文中时,通常在下面附有标题,用来阐明数据代表的研究内容。选择哪种数据展示方式,取决于想向读者传递什么样的信息。每一种形式都有各自的优缺点。

表格可以记录原始数据和经过加工整理的数据,解释计算过程或显示计算数据的组成部分,显示实际数值及其精度,并允许对数据各组成部分进行多维度的比较分析。

和单纯的数据表格相比,图表可以更好地通过图形说明数据间的整体变化趋势,允许在某几个元素间进行比较分析。图表使读者更容易关注到数据的特征。例如,饼状图善于展示每个要素的占比,柱状图更善于比较彼此独立、不同类别的数值对比,折线图反映出数值在不同时空的变化趋势,也能表现变量之间的依存关系。

制表过程中,应充分考虑数据的分类与布局,辨别、遴选和研究内容相关的数据,对数据进行排列、整合;确定表格中各变量的名称。制表时,一定要确保:

①只包含必要的数据,去掉冗余数据;

②表格和重要研究结果有密切关系;

③将数据进行分类,以显示各研究要素之间的关系;

④表格的命名要简洁,和研究内容相关联。

制表时,要考虑哪种变量需要用最突出的符号或线条来表示;图表中要凸显各变量的差异还是相似性;数值的区间范围、最大值、最小值各是多少。

表格和图表应和正文紧密交织在一起。文章出现多个表格或图表时,应给表格进行编号,依照编号逐一展示。最重要的是,正文一定要对表格或图表进行解读,使数据得以被分析,用以检验假说。

(3)解读数据。

解读数据是为了让研究者在讨论数据时找到陈述依据。对于表格而言,作者可以概述表格内容,识别有用的数据,解释它们的含义及重要性,把对表格的解读与论点的重要内容建立关联。

数据解读通常有三个要素:主题陈述;由支撑句组成的主体部分;讨论。

主题陈述可以直接让读者看清表格里重要信息的含义。语言特征方面,有两点需要注意:第一,始终使用一般现在时,因为作者此时此刻正在探讨、谈论论文。第二,灵活运用句式。主动语态和被动语态同样重要。

主体部分写作需要作者反思数据代表的含义。作者将数据进行对比,描述每一个变量所占的比值。总而言之,数据解读的中心部分包括支撑语句,强调从数据中分析出的主要观点。主体部分还反映出作者的判断和推理能力。尤其为作者提供机会去发现数据中的趋势或规律,从不太重要的发现中提取重要观察结果,并提出研究主张。

为了使数据解读和正文更好地衔接,该章通常以讨论结束,提出实验带来的启示,阐述新发现的问题、特例等。写讨论环节需要有创新点,而不是简单地对表格或图表进行描述。例如,当我们列出表格——"影响不同性别消费者购买手机的因素"后,可以这样来总结"This comparative analysis of the results obtained will be useful for the formulation of future marketing strategies."这句话点明了对比研究对销售市场策略的意义,也暗示了未来的研究前景。

想要对数据进行有效分析和讨论,就要对研究发现进行一些合理推测,可以从以下要素展开讨论:

① 解读数据,阐述数据的内在含义;
② 阐述得出数据和研究发现的推理过程;
③ 和预期不符的结果或不满意的数据;
④ 提出进一步的研究方向。

(4)数据解读在学术英语写作中的功能。

数据解读有助于论点的发展。以下是一些公认的数据解读功能:

① 强调研究结果;
② 使用数据支撑观点,或者通过实验数据,建立论点;
③ 通过数据来测评理论、普遍观点或实践活动;
④ 对比、评估不同组别的数据;
⑤ 基于一定的研究方法,测评数据的可靠性;
⑥ 探讨数据或整个研究带来的启示;

(5)概括。

无论是定量研究还是定性研究,概括是分析的前提。概括是一种面向属性的归纳过程,在用更高层概念替换相对低层概念的同时,对研究对象进行抽象概述的分析过程。概括在科研工作中使用广泛,可以用来检验假说。研究者可以从有限的采样中获取小范围数据,通过分析、推理,把结论推广、应用到更广的研究领域。

概括能力,指不借助对实验观察的细节描述,就可以阐述观点的能力。这种概括、泛化数据的方法在定量研究中很常用,但在定性研究中却存在争议。定性研究指通过逻辑推理、哲学思辨、求证、判断等方式,着重从质的方面分析和研究某一事物的特定属性。定性研究通过对特定研究实验的观察,得出更广义的推断,并把推断作为新的定性标准。学术英语写作中,段落中各语句要表达的含义必须要有内在的逻辑关系,通常是从一般到特殊的逻辑范式。因此,段落第一句话通常是总括性的陈述,用来介绍段落主题,被称为主旨句。后面的语句会在主旨句基础上展开,解释主旨句或进行举例论证。泛化也是一种总结概括。泛化通常是观察具体事例或现象后,归纳共性,从而得到更抽象的语义。读者可以判断具体的实例是否能支撑泛化后的观点。总的来说,论文的论点一定比章节中的主旨句更具一般性,而主旨句比用来举例的支撑句也更具一般性。可以借助 generally, generally speaking, on the whole, most, many 这类词汇或短语,形成泛化语句,概括语义。

进行语义概括时一定要注意,不要贸然把自己的观点应用到所有研究条件中,要时刻注意例外情况和存有争议的地方。学术英语写作时,要从具体事例中提炼一般观点,这些一般性观点需要有论据支撑。形成一般性观点时,要避免过度泛化;避免过分强调观点的被认可度;概括提炼的观点要有深度,不能太过于浅显。

6.2.5 个案研究

(1)个案研究的内涵。

个案研究也称个案调查,指对某一特定个体、单位、现象或主体的研究。这类研究广泛收集有关资料,详细了解、整理、分析研究对象产生与发展的过程、内在与外在因素及其相互关系,以形成对于有关问题深入全面的认识和结论。个案研究既是对研究问题的检验策略,也是分析研究现象的具体方法。

个案研究通过对个人、地点、事件、现象或其他研究主题进行分析,推断有助于预测未来研究趋势的关键因素及研究结果,阐明有实践应用价值的,但以往未被发现的问题,并为清晰地理解研究问题提供方法。个案研究通常研究一个单一的研究主题,但也有些论文被设计成比较调查的形式,有两个或多个研究主题。个案研究中,可以使用定量分析、定性分析或综合使用这两种分析方法。

个案研究是在真实社会环境中对某一研究现象的调查,通过观察研究对象的特征,深入探讨、分析变量之间的关系,按照从特殊到一般的推理方法,概括研究问题的辐射范围。

个案研究是收集、呈现研究参与者详细信息的过程,包含对研究主题的阐述。作为定性描述研究的一种形式,个案研究密切关注研究个体或小范围的研究群体,并在特定研究背景下得出有关该研究个体或群体的结论,而不是要进行理论概括或找出研究现象与研究结果之间的因果关系,以描述探究过程和信息为主。

(2)个案研究的优缺点。

与其他研究方法相比,个案研究具有以下优点:

①可以由一个研究者独立完成;

②研究者更多地关注自然环境中的研究个体,通过观察,在研究中保留、记录现实生活事件的完整性及意义;

③提供研究见解,并阐明含义,以此扩大读者的学术视野;

④提供多种观点,并为不同的解读提供数据支持;

⑤能为其他类似研究案例提供解读及建议;

⑥研究结果具有很强的现实性,读者群广泛,容易理解;

⑦从研究个案中形成的观点可以立刻服务于某些研究目的。

另一方面,个案研究的缺点也很明显,研究者容易在研究过程中看待研究问题过于主观。

(3)个案研究的特点。

① 大量描述。

个案研究通常检验各变量间的相互作用,尽可能呈现整个研究事件的全貌,用大量的描述带领读者全方位了解研究现象,包括描述被评估实体、研究环境、受试者的特点、受试者所在研究区域的自然特点等,还包括解释描述性数据的含义,比如文化规范、习俗、社会价值观、传统观念及动机分析等。

② 强调如何进行研究、为什么进行个案研究。

定量研究关注研究对象、研究内容、研究地点、研究体量等问题,当研究侧重回答如何解决问题、为什么提出研究问题时,使用个案研究更适合。尤其当研究者无法掌控研究走向,事件发生在真实生活环境内时,更适合采用个案研究。和研究实验不同,个案研究需要根据研究问题寻求对研究事件或情况的整体理解,完成从具体到一般的逻辑推理过程。

个案研究通常在定性研究和自然探究背景下进行，通常与实地研究和观察参与者等方法结合使用。个案研究中的研究思路和定性研究有相似之处，因为二者都限定在自然研究状态下。例如，教室、邻里环境或家里，力求对研究事物或情况做全面解读。

（4）个案研究的分类。

个案研究是对当代现实生活现象的深入调查，可以聚焦于个人、团体、组织或某一事件。个案研究被用于多种学科，包括社会学、教育、医疗、商业、法律及其他。个案研究可被用来发展新理论，拓展现有理论，挑战传统理论，进行前沿研究。个案研究可以在真实社会生活情境下帮助研究者更好地理解复杂事件，更好地从参与者视角理解研究特点。

个案研究通常被描述为定性研究。定性研究和定量研究不同，后者强调使用大量研究数据，并用统计数据的方法来回答研究问题。在定性研究中，研究者使用非数值数据，比如在访谈中回答问题，或回答研究问题等。个案研究也不同于实验研究，个案研究中，研究条件和研究背景是研究的内在组成部分，不需要像实验研究那样，对这些因素进行干预、控制。个案研究主要分为以下四种：

① 说明性案例研究。

说明性案例分析主要是描述性的研究。通常运用一个或两个实例事件来展示具体情况是什么样子。说明性案例研究主要是为了使读者熟悉陌生的研究环境，与读者建立探讨研究主题问题的桥梁。

② 探索性案例分析。

探究性案例分析是在实施大规模调查之前浓缩的案例研究。基本功能是在主要调查前，帮助识别问题并选择有限的测量类型。这种类型的研究主要缺陷是，初步调查结果过早被发布出来，没有形成足够令人信服的结论。

③ 累积性案例分析。

累积性案例分析用于整合在不同事件收集的来自不同地方的信息。这种研究背后的动机是将过去的研究最大范围进行整合，而无需用额外的成本或时间进行重复研究。

④ 批判性实例分析。

批判性实例分析指为考察独特研究兴趣点，质疑或挑战普遍性、概括性的论断。这种案例研究方法需要审查一个或更多的信息源，常用来解释因果关系问题。

(5) 什么时候进行个案研究。

当研究者想要获取现实世界中某一特定研究主题的具体信息时,就可以使用个案研究,可以帮助研究者探索研究实例的关键特征、含义及启示。当研究者没有时间或资源进行大规模研究时,个案研究可以让研究内容更集中、更易于管理。研究者可以只使用一个复杂的案例进行研究,深入探索某个研究主题,或者通过多个案例进行比较,从而以不同视角阐述研究问题。

(6) 如何进行个案研究。

在学术英语写作中,可以通过以下5种渠道收集研究个体信息:

① 档案记录。人口普查记录。

② 直接观察。在自然环境内观察研究主题;多数研究情况下,使用一组观察者完成观察任务。

③ 文件。信件、报纸上的文章、行政工作记录。

④ 访谈。在个案研究中,访谈是最重要的一种收集信息的形式。访谈包括结构化调查问题和开放式问题。

⑤ 参与观察也叫局内观察。观察者深入到被研究的对象或群体中,成为其中的一员,与他们一起生活,在共同活动中了解他们,掌握研究资料旨在避免让被观察对象意识到自己在被观察,以了解被观察对象在自然状态下表现的行为。

定性研究最大限度地接近真实环境来描述和理解现实,在定性研究中,其他研究方法都无法与参与观察相比,因为只有在参与观察中,研究者可以在真实环境中有机会亲身收集信息。在自然环境下,人的行为举止最真实、最自然,研究者融入研究对象中去观察行为,以一定的方式记录下来,并对观察到的现象进行描述、分析和解释。

参与观察通过直接观察研究对象或通过科研仪器的辅助来收集数据。当观察者是研究人员自身或是研究人员雇用的人,被称为观察人员观察。当研究者被静态观察装置替代时,被称为机械观察。

参与观察与其他科学研究一样,有明确的研究目标和研究方向,是在详细、准确记录上科学、系统地进行研究计划。观察者必须受过专业培训,结果也必须是被反复验证的。

参与观察最大的优势在于能获取自然、真实的数据,涉及观察者亲身参与、收集自然的数据。共有两种参与形式:完全参与者和参与者一如观察者。完全观察者指研究者在当地进行研究完全融入对方的生活,身份一如其他人,对方完全不知道研究者的身份,就自然地与对方互动,成功地扮演对方的角色。这种完全地融入帮助研究者获取客观的数据,这一点是其他研究方法无法实现的。参与者一如观察者,研究者仍完全参与,但须向研究团体表明身份,这种方法通常需要借助科研工具和视听设备。

参与观察另一个重大的优势在于观察非言语活动。观察活动包括谈话、肢体语言、自然环境中的姿势或活动。言语、非言语之间的互动交流对研究主题的活动形成冲击,而且参与观察是获得现场数据的唯一途径。

观察不是一次性的研究行为。为了获取客观、可靠的数据,研究者可能会将大量时间放在观察过程中。尤其是在人类学研究中,研究者需要实地进行记录。因此,如果时间不充裕,观察发现则成为最难的方法。

通过参与和纵向参与,自然主义观察使研究者对研究环境有了更丰富的理解。从某种意义上说,参与观察有助于进行描述,但这些数据并不能反映潜在的动机和其他隐蔽的因素。对观察到的活动进行描述并不构成分析,为了解释研究问题提出的缘由,需要对数据进行系统的分析。此外,对研究者来说,不可能记录所有的研究问题。因而,在参与观察中,很难做到完全客观。通常,当研究者完全融入研究环境中去时,很容易丢掉自然的一面。为规避这一问题,需要研究者同时结合其他研究方法,尽可能取得更全面的数据。

无论是完全参与还是部分参与,被观察的对象都只是相当小一部分的人群和相关问题。在大量受试者中进行参与性观察是不可能的,无论是在公开或隐蔽的观察中,始终要考虑伦理问题。受试者可能会反对研究侵犯了他们的隐私,把他们当作物品而不是人类。所以,在通常情况下,研究者必须在征得受试者同意后,才能开始进行研究活动。

综上,通过参与观察获得的研究数据更自然真实,描述更细致,涵盖了对语言及非言语行为的观察,研究成本更低。但缺点也很明显,受试者数量有限、耗费研究时间、无法从观察到的行为现象解读背后的内在成因、研究带有主观性。

(7)参与观察中的数据形式。

参与观察中的数据通常是由观察者在实地研究中记录下来的。实地记录包括受试者、地点、时间、环境、观察时长、重要谈话、肢体语言、引申含义等。研究者可以根据研究课题在观察前设计详细的评价量表。不同的研究领域,由于观测点的不同,评价量表设计也千差万别。在观察期间,评价量表也可以做出微调。与定量研究不同,记录观察数据没有固定的模式,研究者可以采用任何自己偏爱的形式,只要数据清晰、符合逻辑即可。

(8)参与观察的类型。

随着研究的推进,研究者在不同研究阶段会采用不同形式参与观察,常见形式有描述性观察、重点观察和选择性观察。这三种类型在研究的不同阶段相互关联。

描述性观察通常用于研究的初始阶段,此时研究者刚刚开展研究场地的工作。在不了解整体研究情况下,研究者应该观察真实的场地,并记录、描述研究相关的客观因素,包括环境、空间、温度、研究活动的具体安排、时长、类型,对受试者产生的影响等。通过描述性观察,研究者可以迅速熟悉研究场域,建立行为模型。描述越细致,越能帮助研究者更好地分析数据。详细的描述性数据为揭示研究现象下的内在因素提供了更多的线索。因为相同的研究场域可以重复再现,因此,通常进行两三次观察后,研究者就能形成比较全面、综合的描述。

当研究者熟悉研究场域后,观察就会有侧重点。良好的描述性观察为重点观察奠定了基础。观察重点由研究目的决定。如果研究者已经提出具体的研究问题,在观察中就聚焦于寻找问题答案。有些情况下,观察重点受研究者个人兴趣影响,这时要保证研究者的个人兴趣不能和研究目标偏差太大。另外,可以向有经验的同事、专家探讨请教,共同制订观察重点。

当观察、收集数据接近尾声时,研究者对研究对象已经形成清晰、全面的认识,这时采用选择性观察代替全面观察。经过一段时间的观察,研究者可以找出研究中的关键因素或关键人物,在研究末期,关注度选择性地聚焦于这些关键因素或关键人物上。可以调整研究观察的地点或角度,以便获得受试对象更全面的信息。

(9)成为一名有效的参与观察者。

虽然观察法在自然、真实的研究场域进行,强调数据客观真实性,但研究者在观察前也要进行准备工作。研究者应能运用专业知识设计评价量表,记录实地观察笔记,为研究收集有效数据。因此,科研能力对观察者而言至关重要。

第一,研究者要清楚研究内容,想达到什么样的研究目的,解决什么研究问题,需要对哪些现象进行解读。只有明确研究内容,才能帮助研究者决定如何开展研究,确定研究主题,避免不必要的观察和多余的数据。

第二,了解研究内容后,研究者应做出初步计划,确定收集哪类信息,尽管随着观察的深入进行,计划可能会被随时调整。观察可以分三种:高度结构化、半结构化和非结构化观察。高度结构化观察旨在收集某一确定种类的数据;半结构观察会有一系列观察问题,但不像高度结构化观察那样系统化、绝对化。非结构观察中研究目标不明晰,需要用更多的描述性观察来确定研究焦点。

第三,研究者应该制订更详细的计划,确保观察有效进行。研究计划应确定以下几点:

①被观察的人或事件;

②观察地点;

③观察时长;

④观察频率;

⑤在观察场域内整理笔记的形式;

⑥需要收集的数据类型;

⑦数据分析方式。

如果研究者能够详细准备研究观察计划,将受试类别安排清楚,数据分析很快就能完成。如果观察者不是研究者本人,需要对观察者进行培训,在进行正式观察前需要演练几遍。如果观察活动需要借助摄像机或其他器材,研究者要确保辅助器材运转正常,并把设备放在恰当的地点进行观察。

(10) 实地考察记录。

实地考察记录指研究者在研究场域内,观察特定现象过程中整理出来的笔记,有助于更好地理解研究现象。实地考察中,研究者把观察活动中的数据以书面形式记录下来,可以采用短语、符号、草图、图表或其他有含义的图形,再及时将这些笔记改写成文本形式,留在电脑存档。

笔记应记录哪些内容呢?通常包括两种数据,描述性数据和反思性信息。描述性数据是对研究事实的陈述,包括研究的物理环境、社会背景及受试者和相关活动的信息。反思性信息是观察者在观察过程中以及观察活动后,整理出对于研究对象的看法。包括对观察时间、日期、地点、场合的描述,对受试者年龄、性别、职业、身份、社会背景等的介绍、谈话内容、访谈内容、动作描述、肢体语言描述、主要变化的描述、尚未解决的问题、即时的想法或发现,以及反思。

实际考察记录的主要缺点是,有时过于主观化,因为笔记由观察者记录,受制于观察者的记忆和对研究主体的主观印象,记录可能含有观察者对研究主体下意识的偏见。对于观察者而言,也不可能将研究场域内发生的所有事件都记录下来。最好的办法是,当事件发生时立即记录,或者是离开观察区域后马上整理,以免遗漏重要的细节。

(11) 参与观察问题列表。

对研究问题进行观察前,要思考以下问题:

①谁参与研究活动？受试者是谁？
②受试群体包含多少人？
③受试者身份是什么？
④研究活动什么时候进行？
⑤活动在哪儿进行？
⑥活动发生频率？
⑦活动持续时长？
⑧观察过程中会发生什么？
⑨哪些要点需要被讨论？
⑩活动有重复规律吗？
⑪受试者有自己不同的角色吗？
⑫有哪些非言语交际手段？
⑬有意想不到的事情发生吗？

6.2.6 访谈

根据不同的结构化程度，访谈被分为以下形式：
①结构化访谈：按照统一的设计要求收集数据而进行的访谈。
②无结构访谈：事先没有题目和假设的数据收集形式。
③半结构化访谈：事先有一定的题目和假设，但实际问题没有具体化。
④焦点小组访谈：小组成员以互动式讨论为形式，围绕问题展开访谈，而不是单独对个体提问。

(1) 结构化访谈。

研究者预先精心准备访谈指南，整理出问题列表，问题要和每一个受访者密切相关。结构化访谈收集到的信息，通常可以对受试者进行横向对比研究，但也存在调查信息有限，丰富性不足的缺点。

结构化访谈，访谈内容受到严格控制，一方面，确保了受访者在目标主题内回答问题，对问题做出明确的设定，使得受访者之间的答案可以进行横向对比。另一方面，结构访谈中，受访者的回答几乎没有临场发挥的空间，因为采访者要按预先设定的统一标准对被访者的回答进行记录。提问的方式也几乎没有灵活性，因为通过采用标准化提问格式，可以确保万无一失。当研究者想进一步探究研究对象，通过提问可以获取需要的研究信息时，就可以采用访谈方法收集研究数据。综上，结构访谈是一种数据收集方法，依靠按固定提问模式收集关于某主题的数据信息。在学术研究中,结构化访谈通常带有定量分析特征。

结构化访谈的优势在于:

① 减少干扰因素对答语的影响。

结构化访谈程序化的自然属性减少了语境和其他因素对答语的干扰。对所有受试者以同样的顺序提出同样的问题,最大程度上减少了"我不知道"或者拒绝回答之类的反应,规避了环境因素的影响,更适合于对比较敏感的问题进行研究。

② 数据更可信、可靠、有效。

结构访谈准备工作翔实,比其他访谈形式可信度更高。所有受试者都要以同样的顺序回答相同的问题,更便于对不同回答进行对比研究,增强了访谈的可靠性与有效性。

③ 简单、有效。

与问卷调查相似,结构访谈探讨的问题设置更能反映答语的细微差别,讨论话题更具丰富性,但又不会给采访者带来太大的工作量。结构访谈的回收率、有效性也更高。受访者也不必在访谈前做任何准备,因而结构访谈也更省时。

结构化访谈的缺点也很明显:

① 提问形式过于程式化。

结构化访谈形式过于僵化,除了遵照事先准备好的问题列表,采访者和受访者之间很难自由交流其他话题。这种事先规划好的固定形式极易引起受试者不适、紧张情绪,从而影响作答。

② 缺乏灵活性。

访谈问题一旦确定,为避免影响访谈质量,不能对问题进行修改或删除,即使问题措辞拙劣,后续发现问题设置多余、不必要,仍旧要呈现给所有受访者。

③ 范围受限。

因为结构化面试的问题都是封闭式的,因此受访者的答案需遵循既定的选项作答,回答范围受限。受访者不能在回答中展开谈论细节,受访者之间的答案也缺乏创新性。如果受访者无法在采访者提供的二选一或多项选择中挑出适配自己的答案,那么最后的数据到底能在多大程度上反映受访者真实感受也成了未知数,从而影响访谈数据的可靠性。

(2)无结构访谈。

无结构访谈和结构化访谈完全相反,受访者的答语有最大限度的灵活性,不可预测,很少受到访问者的影响和干预,从而营造了轻松的谈话氛围,受访者的回答信息会更丰富,而访问者只需扮演好倾听者的角色即可。无结构访谈中没有预先准备具体的访谈内容,通常只是提供一些开放性的问题,起到抛砖引玉的作用,引导受访者分享更多的信息。访谈中,研究者可能会偶尔提问来弄清受访者传递的信息含义,有时也会给受访者一个积极反馈,从而推进访谈,而采访者很少对受访者答语进行干预。

无结构访谈通常带有定性分析的特点,常用于社会科学等人文学科领域,侧重于对个人经历的研究。

无结构访谈是一种探索性研究工具,具有随性、灵活等特点,从受访者的回答中得到丰富多样的数据信息。

综上,无结构访谈具有下述优点:

① 灵活性。

无结构访谈具有很强的灵活性,访谈过程更像是日常对话,营造了开放包容的访谈氛围,因而能创造出更多的话题和想法。

② 受访者态度更放松。

无结构访谈的访谈流程更自然,使受访者更加感受到舒适、放松的交流。这种融洽的谈话氛围一定程度上缓解了采访者和受访者之间话语权的差距。

③ 减少误解、偏见。

与结构化访谈相比,无结构访谈中的受访者对如何回答问题更有自主权,不会故意迎合社会或采访者的期望作答。因而,研究敏感性问题或创伤性对象时,通常使用无结构访谈。

④ 答语更细致、更具有个性化差异。

虽然与其他类型的访谈、问卷调查有相似之处,但无结构访谈中的答语包含了更多的细节性信息。采访者可以根据受访者的回答随意提出后续问题,这些问题带有很强的即兴色彩,很有可能是访谈开始前从没思考过的问题。

同时,无结构访谈也有缺点:

① 答语的普遍性和可靠性较低。

虽然无结构访谈的灵活性促使新观点不断涌现,但同时这些观点的普遍性、可靠性也被削弱了。如果受访者没有收到一样的问题,很难将不同受访者的答语进行比较分析,从而给数据分析工作带来了巨大的挑战。另外,无结构访谈的样本量通常较小。

② 有引导作答的嫌疑。

无结构访谈的开放性使得受访者更关注主要问题,采访者的提问方式会下意识地引导受访者做出回答倾向选择。

③ 耗时。

无结构访谈在访谈阶段和数据分析阶段都需要花费大量时间。内容翔实、充满细节的答语能使数据更丰满,但也意味着要花更多的时间进行整理、分析,而且在整理过程中容易遗漏重要数据。

④ 低效。

与结构化访谈比较而言,保证无结构访谈正常进行难度更大,因为一些附带问题会使访谈内容偏离研究目的,从而影响了研究的内部效度。

(3) 半结构性访谈。

使用半结构性访谈时,研究者对所讨论的现象或领域有足够的认识,并且能够事先就该主题提出广泛的问题,但又不想使用现成、固化的回答类别,不想限制受访者对问题进行深度探讨。通常,采访者会向所有受访者提相同的问题,但提问的顺序或措辞可以不一致,并可随时提出补充问题。

半结构性访谈综合了结构性访谈和无结构访谈的特点,但和无结构访谈不同,半结构性访谈的采访者清楚地知道自己需要问哪些问题;也不像结构性访谈那样,半结构性访谈没有规定问题的措辞及提问顺序。

半结构性访谈通常具有开放性,具有回答的灵活性。通过设置好的问题以固定顺序提问,可以更好地对比不同受试者的答案。减少结构上的限制又可以充实谈话内容,使研究数据更丰富。

半结构访谈的优点:

① 两全其美的选择。

半结构性访谈融合了结构性访谈和无结构访谈的优点,使得它既可对比受试者的不同信息,同时数据又具有可靠性、灵活性,允许采访者提出后续问题,对访谈内容进行补充。

② 不受干扰。

半结构性访谈事先设计的主题框架,确保了采访者和受访者都能更专注于研究任务,避免其他因素的干扰,同时,又能使采访者和受访者在访谈中进行互动沟通。

③ 细节信息丰富。

虽然与结构性访谈、问卷调查方法相似,但半结构化访谈由于其更开放的性质,使答语引入了更多的细节,内容更丰富。

半结构性访谈的缺点:

① 低效度。

半结构性访谈的灵活性降低了访谈的有效性。采访者在访谈中的提问和预先准备的问题列表可能会不一样,这也给对比受访者间的答语工作带来了难度。

② 高偏倚风险。

半结构性访谈的开放性特征,一方面,对受访者作答有引导、倾向性,会刻意偏离研究者的预期;另一方面,受试者也可能想迎合采访者的意图,故意说一些研究者想听到的答案,影响了研究数据的客观性。

③ 很难提出优质的半结构性访谈问题。

半结构性访谈很难良好执行,因为很难在事先计划好的问题和即兴提问之间形成平衡。

半结构性访谈和无结构访谈都可以引出受访者的经历、观点和信仰。通过设计一些问题,探索受访者对话题的认知程度、个人信仰、世界观等。受访者的回答可能是基于第一手的个人经验,也可能是基于第三方获得的信息,而采访者需要从受访者的答语中分析他们各自不同的观点。

访谈对于采访者和受访者而言都很耗时。出于礼貌,访谈应尽量简短,用最短的时间和受访者探讨研究话题。采访者要保证把所有的关键问题都交代给了受访者,避免跑题。访谈时长最好控制在20至40分钟内。时间过短,采访者和受访者之间无法建立融洽的谈话氛围;时间过长,容易使受访者失去耐心。

访谈中,避免使用受访者听不懂的专业术语或行话。有些词汇在特定群体内有着特殊含义。以"地理区域内运动设施可用性"为例,不同群体对运动设施地理区域的界定也不同。有些人会从狭义理解,认为主要指健身房和健身中心;而还有些人会认为,运动设施地理区域还应包括户外运动场地,甚至还包括空旷的乡野之地。

同样地,有些词还带有浓厚的主观色彩和价值倾向。例如,关于"好"或"满意"的标准,要看受访者自身是如何界定的,需要依据个人的主观感受。

有些受访者会事无巨细地,按照采访大纲要求,全面提供各问题的信息;还有些人仅针对一部分问题做深度分析,其他问题忽略不答。采访者应该有能力判断,何时深入探讨某一话题,何时应该转移到下一话题。

访谈中的第一个问题应该是受访者能轻松应答的,以此帮助受访者放松,鼓励受访者多说。可以使用事实性问题作为访谈的开场白。如果需要受试者的个人信息,可以在一开始就提问,但要规避个人隐私或敏感、尴尬的问题。

接下来,对感兴趣的话题进行深入讨论。由受访者对主要问题进行回答,并使用辅助问题来拓展,旨在更好地了解受访者。

采访者通过总结或重述讨论的重点内容来提示访谈进入尾声。此时,受访者应对采访者误解的内容加以更正,或者对某一观点进行适当的补充说明。

(4)焦点小组访谈。

想要有效管理访谈,研究者首先要谨记,很多受访者都是第一次参加访谈,要向受访者交代清楚访谈的目的及形式。

向受访者解释、交代访谈如何进行,可以保证建立良好的互动交流,收集到丰富的数据。采访者可以向受访者解释访谈的特殊性,为受访者准备了一些问题,并希望得到受访者畅所欲言的应答。采访者应该是访谈的主导者,确保预设的所有问题都交代给受访者。

明确访谈中的角色有助于访谈顺利进行。建议采访者向受访者解释清楚,访谈进行前列出的所有问题都需要被解决,受访者作为熟悉研究话题的人提供问题答语,而采访者只是聆听、吸收信息。因而,采访者旨在获取受访者对研究话题的见解,而不是指导受访者如何回答。

访谈具有自愿性质。采访者应向受访者说明,受访者没有义务回答所有问题。有时,访谈大纲中的问题涉及隐私或敏感问题,这就需要提前告知受访者。提示受访者,研究期待得到所有问题的应答,但同时,受访者本人有权拒绝回答,要让受访者在访谈过程中心理松弛。

在预期时间限制内完成访谈。访谈进行前,一定要询问受访者是否有时间限制。按照采访指南列出的问题,逐项提问记录,讨论过的问题在大纲上打勾标记。尤其是当采访没有按照计划顺序进行时,这一点尤为重要。

尽量让访谈氛围轻松、自然。采访者如果发现受访者已经在之前的问题答语中回答了采访大纲中的后续问题,可以重新换个提问方式,或者调整大纲中的提问顺序,使受访者答语更流畅,避免打断受访者的回答思路。这就需要采访者必须熟悉采访大纲。

为了使受访者更好地表达自己的观点,采访者不应在访谈中纠正与客观事实不符的陈述,可以在访谈结束后再进行交流、更正,而且采访者应该只谈论自己了解的话题,这些错误及澄清信息也应该被记录到访谈笔记中。

(5)访谈中常用的提问句式。

访谈进行前,很难事先准备好如何提问,因为我们无法预知受访者在访谈过程中会发散到哪些问题,但在访谈前,有必要了解一些提问方式和句式。例如:

①Tell me more about that...

②What let you to...

③What kind of feedback did you get?

④Can you think of another example of this?

⑤Give me more details about what you did, please.

⑥I'd like to know more.

⑦How did that make you feel?

从上述例句可以看出，通常使用 wh-, how 这类的疑问词提问来获取更多信息。以"Do you..."或"Are you..."提问，想获取受访者个人感受等信息。"why"引导的问题用来解释疑虑。这些问题可能会使受访者无法回避之前含糊其辞的解答，继续提供更详细的信息。

（6）处理访谈数据。

采用哪种方式处理访谈数据，取决于收集的数据主要是定量的（基于数字的）还是定性的（基于文本的）。通常，访谈都是定性研究。

① 对数据进行定性数据。

半结构性访谈或深度访谈，很有可能希望使用定性研究方法分析数据。尤其在深度访谈中，使用定量研究方法去分析数据是不合适的。例如，如果进行了10次深度访谈，不能把访谈结果只描述成有六个人在访谈中持特殊观点，而要把这六个受访者观点的不同之处陈述清楚，阐明受访者持有不同观点的原因。

定性分析首先要检查所有的采访记录，确保收集了所有访谈内容的录音。重新听一遍访谈录音，回忆所有的谈话细节，避免任何信息的疏漏，再把录音内容记录成文字。整理录音是个耗时的工作环节，一定要做好心理准备。准备好翔实的谈话记录后，开始进行内容分析。对访谈中出现的所有主要概念进行系统分类，并归纳每个类别的研究主题。处理大量的谈话记录时，可以借用一些实用的方法对内容进行系统分析。

例如，阅读谈话记录时，在重要观点或研究内容旁做批注，表明研究主题，然后把处在共同主题、类别下的谈话语料汇总到一起。这一过程中需要细致耐心，注意不要遗漏任何语料。

也可以使用记号笔将研究主题密切相关的语料做出标记。但是，访谈中出现的观点分类数量是否足够用不同颜色的记号笔来标注，也值得研究者思考。

将各种主题和观点记录在索引卡上，并把常见的主题放在同一张卡上，而且每个主题都对应着相应的受访者。

使用导图把重要的主题和相应的受访者关联起来，最后形成图表。研究个案或受访者列在一栏,主要观点列在表头,每个单元格里可以加入一些受访者的答语。

使用思维导图把观点和主题绘制成图表。思维导图和流程图很相似,体现了研究主题或话题类别是如何相互影响的。首先为每个受访者都绘制一个思维导图,最后再形成总结性思维导图。尤其在研究个人决策过程时,思维导图起到了至关重要的作用。

无论选择哪种方法,总体目标都是归纳出数据呈现的所有观点。当找全所有的观点后,研究者开始在受访者中挖掘反复出现的观点。如果受访者之间的观点有差异,还应找到造成观点不同的原因。

最后挖掘不同观点间的关联性,通过这种关联性又可以总结出新的普遍观点。这一过程不仅是在描述数据,而且还可能是形成新理论的过程,以便更好地解读研究发现。

数据的定性分析是一个动态过程。研究者应用开放包容的心态去处理这些数据,但也要承认自己可能对某一观点存有偏见。从数据中归纳出来的类别和研究主题不应该是研究者预先设定的。最后,见解从数据中整理出来,和受访者的观点休戚相关。为了提升数据分析的效度,可以让受访者阅读,并询问受访者是否认为对他们言行的分析足够客观。

② 编写开放性问题。

开放性问题使受访者有足够的空间随性回答。这样,对100人进行访谈,就会得到100份完全不同的数据。数据变丰富的同时,分析工作难度也增大了。因此,如果讨论开放式问题,要在访谈前预先设计好答语的模式,因为会出现很多趋同的观点,构建一个答语的框架,预设开放式问题中最可能出现的答案,便于数据分析。统计某一问题的部分答语,记录提及率最高的观点。为每种观点设计等级量表,根据答语和观点的适配度进行打分、编码,使每一个数据都能被最终归类。

6.2.7 调查研究

调查研究通过收集信息,描述、对比、解释、分析个人及群体的感受、价值观、喜好及行为差异。调查研究是最常见的定量研究方法,常用于人文学科。调查研究的研究对象取样范围更广,并向调查对象发放统一的标准化问卷。可以将问卷发放到受访者手里,收集完整答案,或进行在线问卷调查、面对面访谈、电话访谈等形式。因而,调查研究的数据收集范围比访谈要广得多。

进行调查研究时,第一,要明确研究对象。研究者需要界定研究目的;数据将如何帮助你了解研究对象;是否设想出和研究对象相关的理论。第二,编写调查研究问题。形成理论假设后,设计调查问题,通过分析答语来检验理论假设。第三,选择提问方式。可以设置简单的是/否答语形式,或是使用等级量表设计多选题,便于调查对象快速做出判断,也增强了调查的可信度。第四,检查问题。发放问卷调查前,应该在小范围内进行随机的内测,以便及时发现问题,做出修正。第五,选择研究对象,发放问卷。根据研究目标,选择调查群体,发放问卷,并关注问卷的回收率。如果回收率不高,需要再次选取研究群体,获取范围更广的数据。第六,分析、总结数据。使用研究参数分析数据,检验研究假设。

调查研究如果采用网络邮件形式展开,可以降低研究成本,也使被调查者可以自主安排作答时间,提升调查信度。但和电话调查、面对面访谈相比,通过邮件调查的问卷回收率很低。被调查者的体能、文化水平和语言能力都将影响调查结果。由于大多数的调查都是随机选取受访对象,因此很难控制上述变量。这时,就需要设置等级量表来描述变量。

综上,实验研究、定性研究、定量研究、访谈、问卷调查、众多的研究方法中,具体选用哪种,由研究目的和具体的研究问题决定,避免盲目采用传统或以往的方法。在复杂的研究问题中,有时需要多种方法相结合,才能更全面地分析和解决问题。

6.2.8 语言特征

(1)时间连接词的使用。

过程由一系列事件构成,并接续发生。为了更好地衔接研究过程中的各个环节,可以使用一些时间顺序连接词,例如,first, to begin, initially, next, following, then, at this point, once, later, prior to, subsequently, in the end, finally 等。以下为摘自写作方法的例句:

① The first step was to decide to core.

② Once the core was decided, the second step was to identify collocation.

③ Based on the rhetorical structure, it sought to further identify what typical lexical-grammatical patterns in the moves and steps were and subsequently examine how these patterns can be described.

④ Following this, the final lexical-grammatical patterns of the core could be derived by combing the collocations, colligations and semantic preference together.

（2）描述研究过程的动词。

描述研究过程、实验程序时，通常使用动词的被动形式。例如，analyze, estimate, investigate, examine, observe, explore, identify, formulate, obtain 等。可以参考以下例句：

① Since the patterns were identified, the fifth step was to propose functional labels according to the linguistic context of these patterns.

② Once the corpus for the present study was compiled, the next step was to examine the move and step structure...

6.2.9 注意事项

撰写研究方法时，应注意以下几点：

按时间顺序或程序类型描述研究过程，可以为每一步骤加上副标题，阐明涉及的具体研究工作。

使用一般过去时和第三人称来描述研究过程。

阐明实验设计方案，包括要验证的假设和被测试的变量，实验次数，如何控制变量等。

阐明实验的每一个环节和步骤。

明确实验设备、实验材料的来源，有质量的供应来源是保障实验成功的重要因素。

详细介绍研究设备是否改装，并附图进行说明。

精确测量，包括测量误差。

描述数据和实验场地，包括场地的自然环境和生态特征。

使用变量标记具体的研究对象，避免使用数字，造成指代不明。

如果期刊要求，提供伦理委员会对研究的批复和受试者的知情同意书。

描述统计数据并比较数据。普通的统计方法不需要评述，但新近的或不常用的方法需要引用文献加以说明。

把写好的研究方法拿给同事看，询问同事是否会在重复实验的过程中遇到困难。

不要把研究结论混在研究过程中。

把对实验背景的介绍和对实验的详细解释留到讨论章。

6.2.10 常用句式

(1) 描述前人使用的研究方法。

①Many researchers have utilized... to measure...

②Different authors have measured... in a variety of ways.

③Previous studies have based their criteria for selection on...

In recent years, three different approaches have attempted to explain...

(2) 阐述使用某种特定方法的原因。

①A major advantage of... is that...

②To improve the efficiency of the method, the following approach may be applied.

③Further characterization of the product was carried out by investigation of... by mean of...

④The... method is one of the more practical ways of...

⑤The study uses qualitative analysis in order to...

(3) 阐述不使用某种方法的原因。

①A disadvantage of many cohort studies is that...

②However, there are certain drawbacks associated with the use of...

③A major problem with the experimental method is that...

(4) 介绍参数标准。

①Criteria for selecting the subjects were as follows...

②Primary inclusion criteria for... were...

(5) 阐述研究方法。

①The study employs both qualitative and quantitative approaches, and the study is designed in a way that the two approaches can be used with a logical connection.

②The study is aimed at investigating... For this purpose, a quantitative study was conducted to find out...

(6) 描述研究过程。

①In each step, there six procedures were performed repeatedly.

②We have little current information on how genre education is conducted under blended learning conditions...

③Data were gathered from multiple sources at various time points during...

(7) 表述研究目的。

①Individual sentences were treated as the unit of annotation in order to facilitate later local grammar analysis.

②Propose research questions to be answered or hypotheses to be tested.

③To measure..., a question asking... was used.

④For the purpose of analysis,... were extracted from...

⑤For the estimation of...,... sample was mixed with...

⑥To see if the two methods gave the same measurement, the data were plotted and...

(8) 描述统计过程。

①The number and frequency of the each move and step occurrences are also calculated.

②Statistical analysis was performed using...

6.3 研究结果

在篇幅较短的论文中,研究结果和讨论部分通常放在一章内,但在大多数学术论文撰写中,研究结果、讨论部分需单独成章。

研究结果展示、说明研究发现,对实验观察、数据的收集和处理进行总结。研究结果部分应将所有研究过程中的发现,包括可能和研究假设矛盾的数据列举出来。

6.3.1 研究结果的重要性

一篇论文的核心价值就在于研究结果。引言、研究基础、研究过程用来介绍研究目的、研究方法,阐述研究过程,那么研究结果及讨论、总结部分的作用就在于解读研究结果。研究者在结论部分总结重要的研究现象及数据。因此,研究结果部分要包含对研究过程、实验的简要描述和对具体研究数据的展示。

6.3.2 研究结果的撰写要求

研究结果在论文中起着重要作用,撰写中应遵循以下要求:

(1) 研究结果部分展示的所有数据必须是有研究意义的。在所有受试变量中,只有影响研究结果的才是决定性数据,其他数据无须列出。因此,在撰写过程中,要对数据进行分类、筛选。

(2) 研究结果部分要简短、清晰、明了,避免赘述。虽然研究结论为学科发展提供了新的发现与贡献,是整个论文的核心内容,但通常是最短小精炼的一部分。

(3) 对数据和表格的阐述要简练。

(4) 按从一般到特殊的逻辑顺序展开写作。先阐述一般性的研究发现,再阐述更具体的。

(5) 按照重要性依次阐述。

(6) 也可以按研究发现的时间顺序,依次总结前期发现到后期发现。

(7) 具体选择哪种顺序、形式展示研究结果,要充分考虑研究的受众群体、论据,以及研究目的。

(8) 重点关注和研究问题关系密切的研究结果。

(9) 使用副标题,使展示内容、结构更清晰。

(10) 读者感兴趣的数据资料或信息如果过长时,可以把这部分放到附录中。

(11) 无论是支持研究假设还是否定研究假设的结果,都应该被列出,但不需要对结果进行解读,那是讨论部分的写作任务。

6.3.3 研究结果的写作要素

旨在依照某种逻辑顺序来展示主要的研究结果,通常辅以图示和文字。撰写内容包括以下要素:

(1) 阐明如何获取到的研究结果,提供相关的说明材料。

(2) 提供表格、图示。

(3) 语言描述研究发现。

(4) 对研究发现进行总结。

以上要素在研究结果中有如下功能:

(1) 回应研究目的、研究问题或研究方法。

(2) 总结图示材料。

(3) 强调表格、图表中的重要数据。

(4) 强调研究结果。

(5) 强调主要的研究发现。

(6)描述图例。

6.3.4 语步分析

研究结果分两个语步：

语步1：按顺序阐述主要发现，并将它们依次与所用的研究假设和方法联系起来。

语步2：阐述次要发现，并将它们依次与所用的研究假设和方法联系起来。

6.3.5 研究结果的写作步骤

研究结果大致分为12个写作步骤：

第1步：不必包含所有观察到的结果，找出与引言部分提出的研究问题相关的研究发现，不必考虑结果是否支持研究假设。

第2步：依照时间、研究方法或重要程度等逻辑顺序，整理数据。

第3步：为数据选定表现形式，文本描述、列举数字、图表或者表格。

第4步：用文本、数字、表格等，向读者展示、总结研究发现。文本描述是对数字、表格的补充说明，而不是对相同信息的重复介绍。

第5步：描述控制组的实验结果和数据，并酌情增加一些图示、表格内未呈现的观察数据信息。

第6步：对数据偏差进行清晰描述。有必要的话，使用百分比来表示偏差度。

第7步：确保数据在论文撰写过程中准确、一致。

第8步：总结数据统计分析结果。

第9步：描述研究发现时使用一般过去时。

第10步：对表格、图示按出现次序依次编号。

第11步：给每个表格、图示标附标题，放置在表、图示的上方或下方。表格、图示展示的数据必须是完整的。

第12步：语言准确、简洁、清晰。

6.3.6 绘制图表

表格、图示在研究发现极其重要，为数据提供了不同的展现形式。通常，自然科学领域更善于使用表格和图表。表格最善于直观展示具体数据，图示则更能直观反映出数据的变化趋势。

(1) 绘制表格。

通过表格的大小、复杂度和构成，以及关于表格的说明性文字，都可以看出表格描述是否清晰。在大多数研究论文中，大型表格和数据非常少，如果必须使用，可以把它放在附录中。

避免使用过于复杂的表格：把大表格拆分成若干小表格；使用一个表格做总结；使用说明性文字向读者阐释表格含义；处理数据时可以四舍五入，使数据对比更清晰明了；数据包含平均值，平均值能概括数据的变化趋势；所有的表格使用统一布局。

(2) 表格的排版。

有些表格的排版方式会给读者造成阅读困难，其中最普遍的问题就是表格的放置位置。表格经常被机械地排在页面的顶部或底部，与它们在文中被提到的地方相差甚远，给读者增加了阅读、理解障碍。另外，如何把表格合理插入有限空间内，有时，为了适配列宽或页面宽度，而影响了表格内容的清晰度。

(3) 使用恰当的形式表现数据。

研究结果通常借助视觉工具来表示，比如表格、图示、示意图、地图等。每种形式传递的信息含义不同，特点不同，写作中要根据研究需求适当选择。

表：呈现分类数据，提供精准数值或统计数据

线形图：描述数据在时间序列上的变化趋势

柱状图：用来对比具有共性、相互关联的但又彼此独立的数据。

流程图：用符号、箭头来描述某一过程、操作、任务、关系或功能的图表。

饼状图：描述数据占比。

(4) 文字描述表格/图示。

文字描述不是鹦鹉学舌地重复表格/图示信息，而是要指出数据的重要特点，以及各种研究发现间的关系。文字描述时：

① 用语句介绍清楚描述的表格/图示内容，并总结数据信息或数据关联的研究主题。

② 强调重要发现，变量之间的主要关系，发展趋势及变化规律。

③ 依据重要性逐个儿描述数据细节。

④ 对描述进行总结。

6.3.7 常用时态

(1) 一般过去时（主动式、被动式均可）：当语句强调整个研究做了什么、有什

么研究发现时,使用一般过去时。

(2)一般现在时:
① 描述被公认为正确的研究条件。
② 介绍公开发表、得到认可的文献。
③ 总结、评价时,尤其是在从句中,可以使用 may,could 等情态动词。

6.3.8 常用词汇及句式

研究发现部分中,单独使用表格/图表来介绍数据是不够的,需要语言辅助说明数据的变化发展趋势。相关词汇、短语如下:

(1)上升或增长。

increase, rise, climb, boom, go up, grow, double, triple, gain, jump, soar, surge, rocket, leap, accelerate, shoot up, peak, summit, recover, improve, reach, level off…

(2)下降或减少。

decrease, descend, fall, go down, slide, slip, decline, reduce, drop, dip, shrink, dwindle, be halved, tumble, plummet, plunge, collapse, slump, diminish, bottom out…

(3)保持平稳或波动。

remain stable (at), remain steady (at), stay (at), stay constant (at), maintain the same level…

fluctuate, vary, upward/downward trend…

(4)形容词。

abrupt, dramatic, sharp, huge, enormous, steep, substantial, significant, moderate, slight, minimal, rapid, quick, swift, sudden, steady, gradual, slow, small, stable, general, considerable, marked, gentle, the highest, the second highest, the lowest…

(5)副词。

abruptly, dramatically, sharply, hugely, enormously, steeply, substantially, considerably, significantly, marked, markedly, moderately, slightly, minimally, rapidly, quickly, swiftly, suddenly, steadily, gradually, slowly, heavily, smoothly, gently…

（6）常用句式及例句。

① sth ＋ verb ＋ 程度副词 ＋ 数据 ＋ 时间。

例如：The price increased greatly to 500 from 2001 to 2010.

② sth ＋ 动词名词短语形式（含程度）＋ 数据 ＋ 时间。

例如：The price experienced a great increase to 500 from 2001 to 2010.

类似 experience 表示经历、历时变化的名词还有 undergo，go through，suffer 等。

③ there be ＋ 变化的名词＋数据＋in ＋某方面＋时间。

例如：There was a great increase to 500 in the foreign students numbers from 2001 to 2010.

④ 时间＋见证＋变化的动词＋数据＋in＋某方面。

例如：The ten-year period from 2001 to 2010 saw/ witnessed a great increase to 500 in the number of foreign students.

⑤ 描述语句。

The bar chart and pie chart give information about why US residents travelled and what travel problems they experienced in the year 2009.

Results of the analysis illustrate the significance of...

This result indicates that...

Laboratory results in this case have demonstrated that...

Figure... shows...

The data suggest that...

From the data, we can see that Study 1 resulted in...

Strong evidence of... was found when...

There was a significant positive correlation between...

No evidence was found for...

No significant differences were found between...

When... was stimulated with..., no significant difference in... was detected.

6.4 讨　　论

讨论的目的在于对研究发现做出解读，通过对研究实验数据的挖掘、分析，为结论部分起到支撑作用。研究者在讨论部分将检验研究数据是否能支撑研究假说,对数据进行解释,通过研究结果得出推断。因而,作者应该在理论框架内通过解释研究发现,对研究发现进行评估、推断,引导读者更好地理解作者的研究意义。

6.4.1 讨论部分的功能和目的

通过对研究对象的观察及调查,讨论旨在解读研究发现,并解释发现的新问题。在撰写这部分内容前,最好重读一下理论假设,在头脑中形成清晰的思路,检验研究发现是否符合自己的预期。在收集、加工、展示研究数据的过程中,作者就应该勾画出讨论部分的内容了。在研究、写作过程中,作者对讨论部分的写作思路不断被修改、调整,最后的呈现内容一定在逻辑上和理论框架、研究数据相吻合。作者会对研究发现间的关联性、各自的功用、局限性进行讨论。

讨论部分和引言内容关系密切,因为讨论部分要对引言中提出的研究问题或研究假设进行回答,引领读者思考。

综上,讨论的主要目的是展示研究现象间的关系,分析潜在的成因、作用、理论含义,并通过研究方法中的符号、研究实验中的数据揭示研究现象的本质。

6.4.2 讨论部分的写作要素及其功能

讨论主要向读者交代研究发现的内涵,产生哪些新的问题及研究发现的意义。因此,作者在撰写中通常遵循以下顺序:回顾研究问题;总结重要的研究发现;结合理论假设和研究问题,解读数据,证实研究发现支持还是否定理论假设,是否对研究问题产生新的理解;将研究发现与其他相关研究进行对比,在理论框架内解读研究发现,通过数据评价理论假设观点;对研究发现进行其他视角的解读;分析意外发现;陈述研究启示,研究缺陷,对后续研究的建议。下面介绍一些关键要素的写作方法:

(1)指出研究的主要发现。

讨论部分应以首先阐明研究的主要发现。作为首段内容,应对研究结果做简洁、直接的陈述,不必再次提供研究设计中的数据。

(2)阐释研究发现的重要意义。

作者最清楚整个研究过程的艰辛,在构思、设计、进行实验操作时,其实在头脑中已经清晰地呈现出研究结果的意义了。但对于读者而言,通过短暂的阅读,不可能对研究内容形成深刻的认识。因而,作者需要用客观的语气,在讨论部分向读者明确说明研究发现的含义,以及研究结果的重要性。要让读者在阅读完讨论部分后,认同观点,即使研究结果很具有轰动性,也不能期待读者通过一次阅读去自主弄清你要表达的信息,因为大多数读者都没有耐心重复阅读,这会导致研究发现被忽略,甚至被遗忘。

(3) 找出研究发现与类似研究的关联性。

没有哪项研究是完全创新,脱离其他研究基础的。讨论部分中,作者要找到研究发现和其他类似研究的关联性,因为其他研究发现有可能会支持你的结论,从而凸显研究结果的重要性。同时,还应指出你的研究和其他研究的不同之处,强调创新点。

(4) 承认研究的局限性。

即使是权威期刊发表的优质论文也存有局限性。因此,承认自己研究的局限性远比让同行指出来要好。通过承认研究的局限性,还可以为后续研究提出建设性意见。

(5) 为日后研究提出建议。

尽管论文会回答一些重要的研究问题,但也会有某些问题没得到解决,而且这些悬而未决的问题有可能因为论文而受到了更多的关注。因而,在讨论的最后,应该对未来的研究走向提出建议。

6.4.3 注意事项

撰写讨论时,应注意规避:

(1) 对研究结果过度解读。

对研究结果的解释不能超出数据支持的范围。

(2) 无根据的推测。

讨论部分几乎没有推测的余地,讨论必须围绕研究数据和研究对象展开。

(3) 提出其他研究问题。

讨论始终要围绕研究假设和研究结果进行,在讨论部分添加其他的研究问题会分散读者的关注度。

(4) 批评其他研究。

虽然要在讨论部分将自己的研究发现和其他研究做对比,但不能批评、攻击其他研究,也不要对读者进行说教,还应讨论理论意义以及可预见的实践应用。

6.4.4 讨论部分的语步

讨论部分可以分为5个语步:

语步1：重述研究发现。
语步2：分析、评价研究发现，检验是否与前人研究一致、矛盾还是有所发展。
语步3：列出现有研究的缺陷。
语步4：解释研究发现、解读研究数据。
语步5：阐述研究结果带来的启示，为未来研究走向提出建议。

6.4.5 如何概括

(1)语言表述准确、严谨。

作为严谨的写作文体，学术英语写作重视语言的准确性。进行总结概括时，避免夸大其词，措辞谨慎也能反映出研究者的客观态度，同时也避免使用过度的限定语，降低研究价值。因而，讨论的任务之一是如何恰当地表达语言的严谨性，依据研究数据客观概括研究结果。因而，经常使用 generally, in general, on the whole, overall 这样的限定语，避免概括过于绝对化。使语言表述更严谨的方式如下：

① 添加情态动词和表示概率的短语。

can, may, could, might...

It is highly unlikely/ unlikely/ possible/ probable/ likely/ probable/ highly likely that...

② 客观描述，避免第一人称作主语。

在描述没有被充分论证的观点时，通过一些短语弱化语势，仅表达变化趋势。例如：

appear to, seem to, tend to, it seems that..., it has been said that..., according to this preliminary study..., based on the...

③ 使用弱动词。

使用弱动词，降低概括表达的绝对化。例如：

The method encouraged/led to students' enthusiastic reading of literature.

例句中的 encourage 就是一个弱动词，暗示这个方法可能不是促进学生阅读兴趣的唯一办法；使用强动词 lead to 则表明方法与学生阅读兴趣之间存在关联。

④ 添加限定词。

在主语或宾语前使用限定语 many, a majority of, most，增加表示意外的短语。例如：

Similarities caused problems for couples.

这句话中，cause 是强动词，强调相似性和产生问题之间存在必然联系。可以用弱动词 contribute to 替换 cause，使语义避免过于绝对，更可靠、严谨，或进行如下改写：

Similarities may have contributed to... 使用情态动词 may 弱化事件起因和结果的必然关系。

Similarities caused certain types of problems... 用限定语修饰宾语，缩小影响范围。

论文的不同章节，概括程度也不尽相同。同样的研究数据，在研究结果、讨论及摘要部分的表述也不尽相同。

结论部分：Treatments boast improvement in symptoms for 70% of the patients. 结论使用具体数据来表明治疗方案对病人群体的影响力。

讨论部分：The majority of the patients show improvement after treatment. 限定词 majority 限定了研究方法的应用范围。

摘要：The results indicate that patients show improvement in symptoms after treatment. 弱动词 indicate 仅指出研究结果和研究对象之间存有潜在关系，具体关系需要在读完全篇后才能揭晓答案。

下列词汇及表达可以代替具体数据，简化信息，汇总数据变化趋势，例如：

one of, a few, a couple of, several, various, dozens of, scores of, a large amount of, a great/ small/ considerable/ substantial number of, the bulk of, a large/ small proportion of, a (tiny/small) minority, a (large/substantial significant) majority, on average, in total/ on the whole...

常用于表示试探性语义的动词有：

aim, appear, assume, can, could, estimate, indicate, infer, intend, may, might, presume, propose, seem, seen as, should, speculate, suggest, suppose, tend to...

例句：

It appears that the increase in crime is a result of high unemployment.

Industrialization tends to be viewed as a better way of life.

常用于表示试探性语义的名词有：

appearance, indication, inference, likelihood, possibility, probability, suggestion, tendency, to our knowledge...

例句：

There is a likelihood that crime will increase in the next five years.

常用于表示试探性语义的副词有：

about, apparently, arguably, fairly, in general, largely, likely, more or less, mostly, often, perhaps, possibly, presumably, probably, quite, rather, somewhat, unlikely, usually…

例句：

It is unlikely that a reduced speed limit will result in fewer injuries.

(2)主要时态及语言特点。

① 介绍研究初期的研究假设时，使用一般过去时。

② 解释研究结果时，使用一般现在时/一般过去时，或情态动词。

③ 使用试探性语言揭示研究启示，对未来研究提建议及思索应用前景。

6.4.6 常用句式

(1) 解释研究发现。

The findings from these case studies attest to…

The present findings address a fundamental question relevant to…

This result may be explained by the fact that…

This result may reflect…

There conflicting experimental results could be associated with the nature of…

The main purpose of this study has been to…

(2)增强语言谨慎性。

Additional uncertainty arises from…

A note of caution is due here since…

There is a potential for bias from…

Although exclusion of… did not…, there results should be interpreted with caution.

The overall results indicate the application of… is plausible only if…

Although…, there is general agreement that…

(3)评价研究发现。

These findings are rather encouraging.

The test was successful as it was able to…

The present study is significant in respect of...

Our findings are straightforward and unequivocal...

The survey reported on in this study has produced...

(4) 提出一般性假设。

This study/experiment/finding suggests that...

The present findings address a fundamental question relevant to...

This observation may support the hypothesis that...

The result supports the hypothesis that...

The present study raises the possibility that...

The findings imply that...

(5) 指出研究启示。

A possible explanation for this is that...

Note that...

We speculate that...

It can be assumed that...

The present findings provide an important challenge to...

This study fills the gap in the literature by...

The study sheds light on...

We contribute to the study of...

The findings confirm the previous studies...

(6) 对未来研究工作提出建议。

These hypotheses, however, require additional investigation.

This awaits further research.

These possibilities await further exploration.

To develop..., additional studies will be needed that...

There is abundant room for further progress in...

6.5 结　语

　　结语，顾名思义，是在学术英语写作中对前文各章节的总结，篇幅相对短小，主要有以下两个功能。第一，总结论文中涉及的主要研究领域，也就是"回顾"作用；第二，对论文做出最后的整体评价，为后续研究提出改进建议，或指出未来研究发展方向。

有些学位论文的结语部分内容很翔实,包含若干小节,阐述研究发现的意义,以及对未来研究的建议。另外,少数篇幅较短的论文中,结语和讨论部分结合在一起,没有另立章节。

6.5.1 结语的内涵

结语是学术论文中不可缺少的有机组成部分,在论文中起着重要的作用。牛津词典中对结语(conclusion)的定义为,"the summing-up of an argument or text""a judgement or decision reached by reasoning"(NOECD,2007:437),也就是说,结语是在事件、过程结束时的回顾、总结。学术论文写作强调对研究工作、研究发现、实验过程的总结。因而,结语是对整个科研工作的回顾,也是对研究的整体评价。

基于信息技术的发展,学术论文的发表形式也发生了巨变,涌现了大量的学术数据库,可以在线查阅论文的电子版本。学术论文的核心部分包括论点、论据和论证过程。因而,在撰写结语部分时,也要充分考虑这三部分的内容。

结语,作为论文正文的收尾部分,要再次重申研究价值,语言尽可能清晰、简洁,重点突出。摘要和引言向读者说明研究将要做什么;研究方法、研究发现和讨论部分告诉读者研究是如何进行的;结语,向读者交代研究已经实现了什么。结语不是对摘要、讨论部分的重复,investigate,studied 等表示研究过程的词汇,讨论部分中的具体统计数据都不应该出现在结语部分。

6.5.2 结语的撰写方式

结语在论文中有着重要作用,体现了论文的学术价值和研究成果。结语是在分析、讨论基础上对整篇论文的总结,并对研究结果做出精准的评价。结语通常短小精练,对研究目的、研究规律、研究发现,及研究价值做最后的概述。

结语部分通常按照以下思路展开写作:

(1) 综合:对论文的主体部分内容进行分析、归纳、强调。

(2) 指示与预测:阐述研究价值、理论意义及功能、前期研究观点,并检验理论假设,在论证基础上预测理论效度。

(3) 对比:通过对前文阐述的理论、观点进行对比分析,得出结论。

(4) 解释:通过对论文主体中阐述的理论、观点进行进一步解释,使读者对研究主题更清晰。

(5) 提出问题:在结合理论分析研究数据的基础上,提出与研究调查结果有关的问题。

6.5.3 结语的构成要素

结语部分从语义结构上可分为三个要素:回顾前文,概括研究启示,总结研究缺陷及对未来研究的展望。撰写结语时,需要作者回顾论文中的所有要点,深度挖掘论文主要观点的内涵,并探究论文的研究主旨。

结语,不仅要对研究结果进行再次强调,还应帮助对研究形成更深刻的理解,包括研究的理论价值、实践价值,及研究结果的应用范围。除此之外,还应适当地提出一些建议及展望,包括研究中发现的问题和对未来研究走向的建议。因此,在结语中,研究成果应能解答前文提出的研究问题;揭示理论框架中的原则或规律是如何运用到研究中的;阐述研究的实践意义及功能。科学研究的异同、修正、实践及进步,是通过与前人研究成果的对比来体现的。因此,在结语中还应提到那些尚未解决的问题,并对未来研究给出建议和展望。以上要素并不要求完全体现在结语内容中,研究者可以根据自己的实际研究情况进行筛选。但是,结语中必须要阐述研究成果所揭示的问题,以及研究成果所揭示的理论价值。

6.5.4 结语中的常用时态、词汇

(1)时态。

学术论文英语写作中,结语部分通常使用一般现在时和现在完成时。

例如:

Our results are encouraging and should be validated in a larger cohort of women.

Although the present study makes contributions to the increasing body of research on local grammar, it still has several limitations and all these limitations point out the direction that are worthy of future research.

Last but not least, a certain degree of subjectivity exists in this study.

(2)词汇。

① 阐明研究意义及研究启示。

动词:

assist, advance, confirm, lead to, enable, enhance, ensure, facilitate, improve...

offer a new understanding of, provide a new framework/approach to, provide insight into, provide the evidence...

形容词：

beneficial, cost-effective, comprehensive, convenient, efficient, feasible, low-cost, flexible, productive, realistic, relevant, robust, practical...

② 对未来研究进行展望。

worthwhile, further investigation, further work is needed/planned, in the future, care should be taken, in the future, it is advised that, hold promise, remain to be, should be explored/ replicated/ validated/ verified...

③ 总结研究问题、研究意义、学术设想。

conclusively, to conclude, draw a conclusion, predict, foretell, present, outline, describe, review summarize, in the end...

6.5.5 常见问题

(1) 篇幅过长、细节过多。

结语部分不需要回顾研究细节，不必把研究方法和研究结果面面俱到地再次重复一遍。结语要简洁，侧重对研究启示、研究价值的概括总结。

(2) 缺失对重要研究发现的评价。

撰写引言时，一般遵循从一般到特殊的逻辑结构，也就是先总述研究领域的研究背景，再具体到现有研究；但在结语部分，要按照从特殊到一般的写法，从现有研究再回到整个研究领域，强调现有研究成果对整个研究领域的影响和作用。

(3) 没能承认研究缺陷。

写作时不能规避研究的负面结果，即使负面结果超过了正面的研究发现，结语中也要对发现的问题、缺点作总结。

6.5.6 写作要求及建议

(1) 语言及内容。

学术英语写作的语言应严谨、精练、简明，而且具有逻辑性。无论结语是支持，还是反驳研究假设，都要进行充分论证。如果在写作中过多使用 perhaps, approximately, maybe 这类表示可能性的副词，读者就会怀疑研究结果的真实性和研究价值。因此，结语部分应该在细节上做出清楚的分析，按照研究发现的重要性依次总结,强调其研究意义。结语不是对研究结果的简单重述,更要包含对研究结果的内涵、理论价值及应用前景的评论。

(2)讨论部分、摘要、结语之间的差异性。

第一,不要把结语与讨论部分、摘要混为一谈。结语与讨论部分不同,讨论侧重于分析实验数据与研究问题之间的关系,而结语部分更侧重于对理论意义的概括总结。另外,结语与摘要也不同,摘要是对整篇文章的概述,包括对研究过程做出简短介绍,而结语只对研究发现、研究结论做出总结。

第二,不需要完全依照论文主体内容撰写结语,结语的语段含义衔接过渡要自然,避免对前文语句进行重复。

第三,不要重复引言内容,结语部分应寻找新的视角解读研究问题的内涵,作为论文的结尾部分,结语的语气也自然和前文不同,因为读者此时已经阅读完整篇文章,对研究内容、研究结果已经有主观判断。

第四,语言表达客观中肯,一方面,避免老生常谈或提出众所周知的观点,削弱研究价值和创新性;另一方面,客观陈述,避免主观色彩浓重的词汇,留给读者思考的空间。

第五,结语部分不要再引入新的论题、论据。结语部分不应对前文遗漏的问题进行补充、论证,不要在结语中提出未经证实的或全新的研究问题。

(3)概括、小结和结语之间的异同。

概括指从研究活动过程或某研究观点,归纳、概括出一般性结论。学术英语写作中,需要展示、描述研究过程,并对研究现象进行评价。归纳过程中,会使用到 most, seldom, undoubtedly, a number of, rarely 等描述性词汇,用来限定研究范围、频度及可能性。通过使用限定语,提高归纳、概括的准确性。以下对概括性限定语做出分类:

描述数量:no/none/not any, few/little/, a few/a little, the minority of, several, a large number of, some, enough, a lot of, many/much, the majority of, most, all/every/ each...

描述频度:never, seldomly, rarely, occasionally, sometimes, frequently, often, regularly, generally, normally, usually, always...

描述可能性:unlikely, maybe, possibly, likely, probably, undoubtedly, definitely, certainly...

常用情态动词:could, can, is/are, could not, will not, might, may, ought to, should, have to, must...

小结,对某章节的主要内容进行简短叙述,不需要再现细节问题。小结和结语不同,小结是对一章节已提出的研究要点进行简明重述,结语要概括所有章节的主要内容,重申作者研究观点。

学术英语写作中,结语是论文主体的最后一部分,可以重申引言部分陈述的观点,讨论研究问题,评价前文提到的研究现象,判断研究结果是否支持研究假设,并对研究前景进行展望。结语和小结在撰写方法上有共同之处,但结语比小结概括的范围更广,结语不仅是在先前阐述的理论基础上重申研究数据,更基于作者在分析、讨论研究现象的基础上,对研究进行评价、判断,进一步理解。

撰写结语时,要考虑以下几点:

①回顾论文开篇提出的研究问题;

②重申论文观点,通过推理,回顾研究发现;

③指出研究缺陷;

④对未来工作发展提供意见。

6.5.7 常用句式

(1)重申研究目的。

Based essentially on the argument outlined above, I maintain that...

From the above discussion, it follows that... This adds to my proposition made in chapter...

Despite its preliminary character, the research reported here would seem to indicate...

The study set out to...

This paper has argued that...

The present study was designed to determine the effect of...

Returning to the question posed at the beginning of this study, it is now possible to state that...

(2)总结研究发现。

Consideration of... demonstrate that...

Given the observed trends of the application, it can be concluded that...

... is highlighted here. It reinforces the proposition made in the previous chapter.

This chapter has highlighted the importance of... It is evident that it is highly recommended to... However, the nature of... has not been explored.

The research has shown that...

One of the more significant findings to emerge from this study is that...

(3) 阐述研究启示。

The results of this study cannot be taken as evidence for theory of...

This study may offer some insight into...

This brief overview of... shows the overall direction of later experiments.

This chapter brings to light two integral concepts related to module...

This needs now to be researched more actively in the setting of... to explore the question of...

The principal theoretical implication of this study is that...

These findings raised important theoretical issues that have a bearing on the...

The current data highlight the importance of...

(4) 强调研究发现的重要性。

The strength of such... is that...

The contribution of this study has been to confirm...

This thesis has provided a deeper insight into...

This study establishes a quantitative framework for detecting...

The study has gone some way towards enhancing our understanding of...

This study has been one of the first study to compare the experiences of...

(5) 在限定条件下,强调研究发现的重要性。

Notwithstanding its limitations, this study suggests under certain conditions, the proposition... is usable.

Notwithstanding these limitations, the study suggests that...

Whilst this study did not confirm..., it did partially substantiate...

Despite its exploratory nature, this study offers some insight into...

Although the current study is based on a small sample of participants, the findings suggest...

(6) 对研究缺陷进行评价。

Notwithstanding its limitations, this study does suggest under certain conditions, the proposition... is usable.

A limitation of using this kind of data is that it precludes…

This study was limited by the absence of…

This limitation means that study findings need to be interpreted cautiously.

6.6 致　　谢

学术论文通常在篇首或篇尾对研究在准备工作、论文撰写过程中给予帮助的人和组织，表示感谢。对研究经费支持者，同事的帮助，审稿人对文章改进的帮助表达感谢，也体现了作者谦逊有礼、严谨治学的态度。致谢一般包含以下内容：

(1)经费支持：对经费资助表示感谢。

(2)仪器和技术支持：对提供实验器材、操作技术、研究设备、专家指导、提供数据分析等表示感谢。

(3)研究思想上的引领：感谢在学术思维上给予引领、启迪、帮助的人和组织机构。

(4)编审：向初稿写作、提交审议阶段提供修改意见的编辑、审稿人表示感谢。

(5)情感上：向家人、朋友的支持致谢。

第3部分
学术英语论文改稿过程

第 7 章 语言的修正

一些研究者为了保证自己的思路流畅,可能在撰写初稿时只在意整体结构和科学论证,忽略了语言层面的细节,但一篇高质量的稿件还需要正确的语法、适当的词汇、多样的句型,以及连贯的语句。所以,初稿撰写完毕后,要对这些方面进行认真校对、仔细修正。

7.1 选择恰当的词汇

学术英语的表达不同于日常英语,首先,体现在词汇层面。一篇优秀的学术文章,语言必定是正式、严谨、简洁、客观的,而这些性质都会受到词汇的影响。其次,在撰写过程中,要注意使用书面语以确保文体正式,避免词汇冗余以保证语言简洁,多用名词替代动词可以降低主观化。此外,通过使用丰富多样的词汇表达复杂的思想,不仅可以避免文章枯燥乏味,还可以体现出学者的较高学术素养。

7.1.1 使用书面语

日常交流或给亲密的朋友写信时,我们多用口语化表达,听上去简短、亲切,同时可能存在省略、重复等语言现象。撰写学术类文章则不同,其要求语言准确、严谨、完整,因此,在学术英语写作中,应使用正式的书面语,避免口语化。

对于单词而言,口语中的单词偏简单、低级,而书面语中的单词则略难,相对来说比较高级。比如,口语中表达"认为"一词时,经常使用"think",书面语中则很少使用"think",一般用"believe/consider"取代。再如,口语中经常使用"hard"表示"困难的",书面语更经常使用与其含义相对应的"difficult/tough"。下面的表 7.1 格中列出部分常见的口语及其对应的书面语。

表 7.1

口语表达	书面语表达
awesome	impressive
suitable	appropriate
lucky	fortunate
good	beneficial, decent
bad	harmful, detrimental
big	immense, enormous
hard	difficult, complicated
wrong	incorrect
think	consider, believe
so	hence, therefore
show	demonstrate, indicate
dangerous	hazardous
many	myriad, a number of
get	obtain, acquire
tell	inform, convey
try	attempt
keep	retain, maintain

此外,我们在日常用语中,经常使用"动词+介词"形式的短语,如 come across, set out, take in 等。这样的短语也是非正式语言,应尽量用一个单独的单词取而代之。例如,可以用 encounter 替换 come across,用 depart 替代 set out,用 absorb 替代 take in。更多例子见表 7.2。

表 7.2

口语表达	书面语表达
break down	malfunction
put off	postpone
find out	discover
cut down	reduce

续表

口语表达	书面语表达
set up	establish/found
bring about	cause/produce
look into	investigate
come up with	devise
work out	settle/exercise
give up	abandon

虽然，在进行学术英语写作时，要尽量避免使用"动词＋介词"词组，但也应该注意，这类短语是无法完全避免的，不能一刀切。而且，如 consist of, account for 等短语，因其动词相对较长，也被认为是正式的书面语，所以在学术文章或新闻中经常使用。

另外，缩略形式不可用于学术英语写作等正式文体，如 I'm, it's 等，应完整写出每个单词(I am, it is)。此类例子见表 7.3：

表 7.3

口语表达	书面语表达
she's	she is
he's	he is
I've	I have
isn't	is not
I'll	I will
won't	will not
I'd like	I would like
wanna	want to
gonna	going to
gotta	got to
sorta	sort of

但是，在选择书面语时，要把握好度。有些人希望自己的文章看上去十分具有学术性，可能通过查阅字典的方式，选择一些又长又难，而且过于正式的词。

比如,表达"策划"这一含义时,用 mastermind 而不用 design;表达"描绘"含义时,用 delineate,而不用 describe。这两对词,每一对都意思相近,但第一个词相对第二个词来说却过于正式,不适用于学术英语写作。使用过于正式的词语可能让文章看上去晦涩难懂,增加读者的阅读难度,甚至闹出笑话。这样的做法属实过犹不及。

7.1.2 避免词汇冗余

学术英语写作要求表达简洁,这就要求写作时避免重复。重复是指连续使用相同或相似的单词、短语,用来表达相同的意思。汉语中经常有重复这一用法,如我们常用的"争先恐后"一词中,"争先"和"恐后"都表达了竞争抢先这一含义,这样的四字连用虽有重复,却是固定用法。英语则不然,重复可能会出现在文学作品中,用于表达情感或平衡句子结构或修辞,如讲故事时可能会说"a long long time ago",用来渲染气氛。但这样的写作方式完全不适用于严肃文体,包括学术写作、报告、新闻等。对于英语非母语的人来说,可能会无意识地使用一些重复冗余的表达方式。要想确定某些单词、短语甚至句子是否多余,可以看看在删除该部分时,语义是否保持不变。例如:

错误:They had a difficult dilemma.

纠正:They had a dilemma.

根据牛津字典,dilemma 的意思为 a situation which makes problems, often one in which you have to make a very difficult choice between things of equal importance,即(进退两难的)窘境、困境,已经包含了 difficult 含义,去掉即可。

错误:She gave birth to a baby boy last month.

纠正:She gave birth to a boy last month.

这个句子里,刚出生的孩子,毫无疑问,一定是个宝宝,所以 baby 一词属于冗余。

错误:The two countries collaborated together in building the bridge.

纠正:The two countries collaborated in building the bridge.

双方合作就是一起做事,collaborate 一词已经涵盖了 together 的含义,所以不需要再 together,需要删掉。

更多例子见表 7.4:

表 7.4

冗余表达	正确表达	原因
an unexpected surprise	a surprise	surprise 意为惊喜,必定是意料之外,unexpected 多余
future prospects	prospects	prospects 即前景、前途,包含 future 之意,需要把 future 去掉
different varieties	many/great/wide varieties	variety 表示种类,每个种类必然存在差异,所以不需要用 different。如果想表示种类繁多,可以用 many/great/wide 等形容词
absolutely certain/sure	certain/sure	certain/sure 的意思就是确信无疑,表示出了坚信的含义,"absolutely"一词多余
actual fact	fact	事实是确实发生过的事情,所以形容词 actual 是多余的。
at the present time	at the present	at the present 意思就是当前、现在,无须加上"time"一词
basic fundamentals / essentials	fundamentals/essentials	fundamentals/essentials 即根本上、本质上,basic 一词多余
close proximity/scrutiny	proximity/scrutiny	proximity 意为时间或空间上接近,scrutiny 意为仔细检查,"close"(接近、近距离)一词多余
completely finished	finished	finished 意为"完成",即完全做完之意,无须重申"completely"
consensus of opinion	consensus	consensus 意为"全体成员一致同意,意见达成一致",已经含有 opinion(观点)之意
few in number	few	few 本意指数量少,无须再指出"在数量上"
forever and ever	forever	forever 意为"永远",ever 算作加强语气,不适用于学术英语写作

我们可以看到,上述表格所列出的短语中,一部分词语包含了另一部分词语的含义,这就属于重复、冗余,在写作时应避免使用类似第一列中的表达方式。

7.1.3 多用名词及动名词

英语词汇常用的词性有名词、动词、形容词、副词等。学术英语写作中多用名词或名词性词组,因为相比之下,这类词和词组可以用较简短的句子传达出较多的信息量,使得文章更简洁明了。例如:

避免:The leader attended the fair last week, which mirrored the emphasis on the development of such cultural activities.

推荐:The leader's attendance at the fair last week mirrored the emphasis on the development of such cultural activities.

上例中,原句使用非限制性定语从句,属于下一章节要讲到的复杂句。如果把原句的谓语动词"attend"改为名词词性,就可以直接用简单的主谓宾结构表达出同样的含义。

再如:

避免:The unemployment rate keeps dropping and financial experts become more concerned.

推荐:The continuing drop of unemployment causes more concern among financial experts.

这个例子中,原句使用两个主谓宾结构构成的并列句,动词、名词居多。将动词"drop"和形容词"concerned"修改为名词,并列句变为简单句,句子结构更加紧凑,逻辑更严谨。

另外,因为名词或名词性短语强调的是事物或事件本身,而动词强调的是动作,其中暗含了人的主观意图;相反,名词或名词性短语可以使得句子更客观,更正式,符合学术英语写作的要求。

例如:

避免:We aim at stabilizing the desert by planting more trees and shrubs.

推荐:The aim is to stabilize the desert by planting more trees and shrubs.

这个例子中,把动词 aim 改为名词,于是主语从人称代词"we"变成名词"aim",降低了句子的主观化程度。

再如:

避免:They advanced at solar sector, which was essential for meeting the increasing demand of solar products.

推荐:The advancement at solar sector was essential for meeting the increasing demand of solar products.

同理,例中的动词"advanced"改为名词"advancement",不再强调人在整个事件中发挥的作用,是对科技进步及其好处进行客观描述和评价。

学术英语写作要求公正客观,应尽量少用第一人称和第二人称代词,将动词名词化可以帮助实现这一目的。

7.1.4 使用丰富的词汇

众所周知,词汇量是检验英语水平的标准之一。词汇使用越丰富,说明英语水平越高;反之,如果反复使用某些表达方式,不仅暴露出作者英语水平低,而且让文章看上去枯燥乏味,导致读者失去阅读兴趣。学术英语写作也是写作能力的体现,如果词汇单调(关键词和专业术语除外),可能会使读者低估整篇文章的学术价值,最终,即便有较高的研究水平,文章也可能被没埋于庞大的文献数据库中,作者也无法实现自己的价值。因此,研究者在平时的英语学习中,应学会用不同的方式表达相同语义,并有意识地积累丰富的词汇和表达。

例子:

避免:Chip technology is more and more important in the field of electronics.

推荐:Chip technology is increasingly significant in the field of electronics.

这个句子意思简单,写起来也较为简单。当提到"越来越……",许多人的第一反应是用"more and more+形容词/副词"这一表达方式。这个短语没有错,可以使用,但属于比较低级的写作。替换为 increasingly,用一个单词表达出原文三个单词的含义,不仅词汇更高级,也更加简洁。表达"重要"这一含义,除了用大家最为熟悉的 important,还可以用 significant,vital,crucial 等词语替换。

例子:

避免:Scientists made a lot of efforts to solve the problem, but all failed. In the following days, to solve the problem, scientist A devised a new method.

推荐:Scientists made a lot of efforts to solve the problem, but all failed. In the following days, to address this difficulty, scientist A devised a new method.

原句中,作者两次使用"solve the problem"表示解决问题,语言重复且单调,建议后文改用 address 一词,problem 改用 difficulty。address 是一词多义,做名词时意为"地址",做动词可表示"处理,向某人讲话"。

表 7.5 列出一些基础词汇以及可以用于替代的同义词汇,供大家参考选用。

表 7.5

基础词汇	同义表达
think	insist, believe, maintain, argue, hold, assert, claim, declare
deal with	address, handle
exact	precise, accurate
unclear	vague, obscure
blame	condemn
opinion	perspective, standpoint
build	establish
relieve	alleviate
force	compel
lonely	solitary
small	minute
praise	compliment
hard-working	industrious
careful	meticulous
fair	impartial
attack	assault
always	invariably
dangerous	perilous
stop	cease
part	component
field	domain
ability	capacity
doubtful	skeptical
different	various, diverse
best	optimal
famous	distinguished
old	ancient

续表

基础词汇	同义表达
possible	feasible
about	roughly, approximately
undoubtedly	doubtlessly, unquestionably
sharply	dramatically, significantly

7.2 选择多样的句型

词汇作为语言的最小单位,影响着文章多方面性质,那么词汇构成的句子,作为篇章的骨架,也必定会影响整个篇章。从语态角度看,句子分为主动语态和被动语态;语态主要影响句子的主客观性。从句子长短角度看,句子分为简单句、并列句、复杂句、并列复杂句等,其影响文章的正式性以及流畅程度。一般而言,在选择恰当句子结构的基础上,建议各种句子交替使用,以避免表达形式单一。

7.2.1 学会使用主动语态和被动语态

主动语态是指动词的语法主语正在执行动作的句子格式。通常是一种直接的描述动作的方式,强调动作的实施者。例如:

Vitamin A increases the risk of hair loss.

In this study, we present our design of recycled packaging products.

I found a strong correlation between the two sets of measurements.

而在被动语态中,句子的主语接受动词的动作。强调的是正在执行的动作或该动作的接受者,而不是发出者。动作的发出者由介词 by 连接,放在句尾。通常,动作的发出者在被动语态中也可以省略。被动语态的基本结构是 be+过去分词(+by+动作发出者)。

例如:

The village was built by foreigners.

The bill was passed to prohibit the maltreatment of animals.

A new teaching methodology is proposed in this study.

不管是主动语态还是被动语态,都能使语言清晰简洁。不同的是,在被动语态中,动作的执行者对读者来说可能是未知的、无关的或显而易见的,因此经常被省略。事实上,在被动语态中省略施动者可以减少用词,避免啰唆,让语言更加简洁,同时凸显事实也弱化了主观性,增强客观性,是一种有效的语言使用方式。

从下面的例子当中,可以解释什么情况下可以省略掉动作的执行者。

首先,执行者未知的情况下,可以省略。

例如:

Rome was not built in one day.

本句中,罗马的建成耗时耗力,许许多多的人都贡献了力量,但具体是哪些人我们无从得知,所以"建成"这个动作的施动者可以省略。

其次,如果动作的执行者不是重要信息,可以在被动句中省略。

例如:

A new school will be built in this area.

More water power is used than wind power in this country.

第一个例子中,读者最关心的内容是"建造学校",并不关心将由什么施工单位来建造,所以,"建造"这个动作的执行者不是重要信息,可以省略。第二个例子是对水力和风力的使用情况进行比较,水力和风力的使用者,即动作的执行者,属于无关信息,应省略。

另外,如果被动语态中动作的执行者对读者来说显而易见,则可以省略。

例如:

The economic development of this area is introduced in this section.

这个例子中讲到"本部分介绍了本地区的经济发展情况",显然,"介绍"这个动作是由作者发出的,无须赘述。

被动语态固然可以增强学术文章的客观性,但绝不能通篇使用被动语态,否则文章会显得枯燥乏味,缺乏节奏感,也会使部分信息无法准确表达。所以,要根据具体情况,恰当选择主被动句。

7.2.2 使用复杂句和并列复杂句

从语法角度讲,英语句子结构共分为四种,分别是简单句、并列句、复杂句,以及并列复杂句。简单句和并列句相对较短,多用于口语,说起来不拗口,听起来易懂。但就写作而言,优秀的文章中,四类句子会交替使用。学术英语写作则最常使用复杂句和并列复杂句,因为这样的句子更正式,更严谨,更高级。此处将对这四类句子结构进行介绍,最终帮助大家顺利写出复杂句和并列复杂句。

(1)简单句。

英语中,简单句基本分为 5 种类型。具体如下:

①主语+谓语,即 n./pron. + v. ,如:

He changes.

The dog slept.

主谓结构的简单句中,谓语动词为不及物代词。

②主语+系动词+表语,即 n./pron. + be... + n./adj./adv. 。简称主系表结构,如:

Mr. White is a writer.

They are happy.

③主语 + 谓语 + 宾语,即 n./pron. + v. + n./pron.,简称主谓宾结构。如:

We like the book.

My elder sister never beats her child.

主谓宾结构中,谓语动词多为及物动词。如果动词是不及物动词,需要在动词后加介词,这时才能连接宾语。如:

We arrived in this city yesterday.

Little Tom seldom listens to his teachers carefully.

④主语+谓语+宾语+宾语。此类句子结构为双宾语结构,其中一个宾语是直接宾语,另一个宾语是间接宾语。一般表示物体的名词为直接宾语,表示人或动物的名词为间接宾语。如:

She gave a present to her mother.

Mrs. Bee wrote the mayor a long letter.

⑤主语+谓语+宾语+补语。此句型中的补语,即宾语补足语,用于补充说明宾语的情况,它和宾语一起构成复合宾语。如:

I find the city relaxing.

She will let it go.

这两个例子中形容词 relaxing 和动词 go 分别做宾语补足语。

从以上 5 个句型,可以发现,每个简单句中都有主语和谓语。其实,"主语+谓语"就是所有英文句子的最核心结构,也就是说,再复杂的句子,也能通过寻找主语和谓语的方法提炼出句子的关键信息。在写作过程中,我们也要牢记这一点,有了核心结构,才能给句子添砖加瓦,一点点写出复杂句。

(2)并列句。

并列句是两个或两个以上的简单句由并列连词连接成为一个句子,基本结构为"简单句+并列连词+简单句"。常用的并列连词有 and,but,nor,or,for,so,yet 等,分别代表前后几个简单句之间不同的逻辑关系。

例如:

I like the blue shirt, but she likes the yellow one.

I did not go to the park, nor did he.

Mr. Brown slept very early yesterday, for he cleaned the whole house all by himself and got exhausted.

从以上几个例子中,我们可以看到,并列句的前后几个分句有着各自独立的主谓结构,而且在逻辑上没有主次之分,同等重要。

(3)复杂句。

简单句的各个句子成分简单,仅限于单词或短语,复杂句中的部分成分则扩充为句子形式,形成"主句+从句"的结构。主句由简单句构成,是句子的主干,表达出句子的核心信息;从句依附于主句,起到补充说明的作用,通过连接代词或连接副词与主句相连。复杂句具体可分为形容词性(定语)从句,副词性(状语)从句,以及名词性(主语、宾语、表语、同位语)从句。

①形容词性从句。

形容词性从句即从句充当形容词的作用,整个从句作定语,修饰名词。

例如:

The boy who was talking merrily with his friends stepped into the supermarket.

The story happened in a forest where many wild animals lived.

第一个例子中,句子主干是 The boy stepped into the supermarket。关系代词 who 引导的定语从句修饰 boy,说明男孩当时的状态。第二个例子中,句子主干是 The story happened,in a forest 是地点状语,where 引导的定语从句修饰 forest,介绍这个 forest 的具体情况。

②副词性从句。

副词性从句即状语从句,包括的种类较多,如时间状语从句、地点状语从句、原因状语从句、结果状语从句、条件状语从句、让步状语从句、目的状语从句、方式状语从句、比较状语从句等。

例如：

Although they did not recognize my new finding, I would not stop my research.

Mrs. Young made a lot of efforts in learning German so that she could talk freely with local people when she traveled there one day.

第一个例子是让步状语从句,由 although 引导,后半句是主句。第二个例子的主句是 Mrs. Young made a lot of efforts in learning German,后面分别由 so that 和 when 引导了一个目的状语从句及一个时间状语从句。

③名词性从句。

名词性从句就是把简单句里的名词成分扩充成句子,这里的名词可以是主语、宾语、表语,也可以是同位语。

例如：

Whether it is true has not been proved.

Scientists found that the average temperature of Antarctica had risen compared with that of 20 years ago.

People are surprised at the fact that this exquisite boat was made manually almost 200 years ago.

第一个例子中,"whether it is true"充当整个句子的主语,是主语从句。第二个例子中,scientists 是主语,found 是谓语,that 引导的句子为发现的内容,作整个句子的宾语,为宾语从句。例 3 中,People are surprised at the fact 为句子主干,that 引导的句子阐释 fact 的具体内容,作 fact 一词的同位语,本句为同位语从句。

(4)并列复杂句。

了解了简单句、并列句、复杂句,并列复杂句就不那么复杂了。并列复杂句,即"简单句＋复杂句"或"复杂句＋复杂句",也就是说,每个句子包含至少两个主句,一个从句。如：

Many parents in China want to enjoy their own life after they retire from work, but most of them have to take care of their grandchildren.

这个例子由两个主句和一个从句构成。"Many parents... want to enjoy..."和"most of them have to..."是两个并列主句,由并列连词 but 连接。"after they retire from work"是由 after 引导的时间状语从句。

Although those politicians voted against the new law, they admitted that it would prevent the annoying propaganda to some extent, and they offered to make further discussions next week.

该例句中，整句是"复杂句＋简单句"的结构，"they admitted…"和"they offered to…"分别是两个并列主句，由并列连词 and 连接。and 前面的复杂句存在两个从句，分别引导了一个状语从句以及一个宾语从句。

同其他句子结构相比，并列复杂句的句子成分更多，能够帮助我们表达出更为复杂缜密的思想。这种结构能够清晰解释出每个小句之间的逻辑关系，常用于思辨写作。而且，因为句子较长，属于正式文体，更符合学术英语写作的文体要求。但这种长句对英语水平要求较高，如果处理不当，可能会出现语法错误，导致表达不清，或引起歧义，所以在写作时要保证自己逻辑清晰，下笔时倍加小心。

鉴于复杂句和并列复杂句更正式，更符合学术英语写作要求，所以多建议使用复杂句和并列复杂句。但不建议把句子写得过长，否则读者读起来会感觉被绕得云里雾里，逻辑复杂，难以理解。

7.3 语言的连贯性

几乎所有写作都要求语言连贯，符合逻辑。连贯性是指语句各部分之间的联系清晰、合理。当一个句子的词或部分正确地连接起来，并且它们之间的关系明确无误时，就是连贯的。如果句子主语和谓语不一致，平行结构不恰当，修饰语位置不正确，在语态、时态和语气上有变化，或连接词不恰当，就是不连贯的。

7.3.1 逻辑主语一致

如前面章节所讲，英语不同于汉语，每个句子都有完整的主谓结构，这也就要求句中的主语和谓语必须一致，只有这样，才能保证逻辑正确，语句连贯。显性的主语和谓语容易判断，如：

The famous writer is very amiable and he is trying to provide a book list to his readers.

The pipes' crack has to be mended immediately, or it will lead to oil spill.

第一个例子中，and 连接两个并列分句，主语分别是 writer 和 he（代指 writer），所以 be 动词用单数 is，his 代指"这位作者的"，这句话里主语、be 动词、人称代词都是一致的。第二个例子中，"pipes' crack"（管道裂缝）是主语，谓语动词用单数,or引导的并列分句中,主语it也代指pipes'crack,整个句子中主语、谓语、代词都是一致的。

但是,有些句子成分的主语是隐性的,如分词结构作状语时,就会在从句中隐去主语。这样的句子中虽然没有主语,但在写作时要牢记其逻辑上的主语和主句的主语一致,其对应的谓语动词也应一致。如:

The boys and girls went to school, talking and singing.

Having had dinner, he took a bath.

第一个例子中,前半句是主句,主语是boys and girls;后半句是分句,现在分词作伴随状语,虽然没有显性主语,但其逻辑主语依然是boys and girls,从句用来形容孩子们的状态。第二个例子中,后半句是主句,主语是he;前半句是分句,现在分词作时间状语,逻辑主语也应该是he。

错误例子见下方:

错误:After doing the detailed studies, the data is collected.

纠正:After doing the detailed studies, researchers collected the data.

或:Data is collected after the detailed studies.

这个例子中,从句中隐含的逻辑主语应为研究人员,而主句的主语是data,不一致,属于典型的中式英语。可以将主句的主语调整为researchers,句子仍为复杂句;也可以主语data保持不变,句子改为简单句。

再如:

错误:Having been found good for the maintenance of immune function, people should take Vitamin C accordingly.

纠正:Having been found good for the maintenance of immune function, Vitamin C is recommended to be taken accordingly.

或:Vitamin C is found good for the maintenance of immune function, and people should take it accordingly.

同理,该例子中,从句隐含的主语是Vitamin C,但主句主语是people,可以把两个分句的主语一致化,主句改为被动语态;也可以像第二种纠正方法,把从句中的主语补充完整,前后两个分句用and连接,变成并列句。特别要注意的是,在第二种纠正方法中,如果去掉连词and,这句话就是错误的。因为前后两个小分句分别有各自的主谓结构,如仅仅通过逗号连接,就出现了一个句子有两套主谓的情况,依然犯了主语不一致的错误。想把这样的两个小句连成一句话,必须使用并列连词才能成为并列句。

7.3.2 恰当的平行结构

平行结构是指两个或两个以上的平行对等的语法成分构成的结构,如短语、句子,这些成分通常由并列连词来连接,它们之间的关系是结构对等或语义相关。平行结构在英语中广泛运用,能够使句子结构更加平衡、语义更加清晰。平行结构有助于读者更好地理解作者的观点,减少歧义和困惑。平行结构的运用也可以增强文章的修辞效果,使其更加生动和有吸引力。在平行结构中,各成分之间需要保持一致性,包括时态、词性、语法结构等,以提高句子的连贯性。

例如:

错误:This university welcomes dedicated students and faculty who are promising.

纠正:This university welcomes dedicated students and promising faculty.

这个例子中,welcome 后连接两个并列宾语,分别是 students 和 faculty。作为平行结构,两个宾语应该都用"形容词+名词"结构,这样更清晰、简洁。

再如:

错误:The new machine examines the railways' ruggedness and the speed of the train.

纠正:The new machine examines the railway's ruggedness and the train's speed.

或:The new machine examines the ruggedness of the railway and the speed of the train.

这个例子的两个宾语也是平行结构,结构也应保持一致,可以都用名词所有格,也可以都用介词 of。

再如:

错误:They have high hopes and great faith in him.

纠正:They have high hopes for and great faith in him.

这个例子中,high hopes 和 great faith 是平行结构,但两部分介词搭配各不相同,应分别使用 for 和 in,不能混用。

7.3.3 恰当使用修饰语

英文中的修饰语包括定语、状语、补语、同位语等,其中定语和状语最为常用。英语同汉语的语法结构不同,修饰语的位置也不同,一旦放错位置,就容易引起歧义,致使句子不连贯。

定语通常放在名词或代词前面,而定语从句一般位于所修饰的名词后。如:

错误:He picked up several maple leaves and put them in his book, with which he intended to make bookmarks.

修改:He picked up several maple leaves, with which he intended to make bookmarks, so he put them in his book.

显然,这个句子要表达的是"想要用叶子做书签",with which 引导的非限制性定语从句应位于 leaves 后面。放在 book 后面,句子产生断裂感。

状语用于修饰动作发生的地点、时间或方式等,可以出现在句子中的多个位置。写作时容易出错。如:

错误:The cake he made at first tasted good.

修改:The cake he made tasted good at first.

The cake he first made tasted good.

副词短语 at first 可以放在动词前,也可以放在动词后,但放在 made 和 tasted 两个动词中间,则引起了歧义。如果想表示"他做的蛋糕乍一尝很好吃",可以用"taste good at first",言外之意是细细品尝的话,不尽如人意。如果想表示"他先做的那个蛋糕很好吃",可以用 first made,表示后来做的蛋糕不好吃。

7.3.4　熟练使用过渡语

过渡语是英语写作中用来连接不同语句、段落之间的桥梁,是文章衔接紧密、连贯的关键,可以使文章逻辑更加严谨,结构更加清晰,表达更加流畅,内容更加连贯。在选择过渡语时,要根据上下文和段落之间的关系,来选择合适的过渡语。

过渡词的种类较多,具体可分为:

(1)用于添加信息、补充内容的过渡词。

当上文已经讲完一些内容,下文需要进一步补充时,需要使用如下过渡词:also, and, as well, as well as, besides, not only... but also..., furthermore, moreover, in addition 等。

例如:

In terms of the impact mechanism, the development of digital finance can enhance the two-way enterprise investment level of enterprises by reducing capital mismatch, improving the diversity of financial products and alleviating financing constraints. In addition, the significant promotion effect is verified by replacing the digital finance index and fintech development index.

(2) 表示因果关系的过渡词。

这一类过渡词,是指表示理由、起因和结果的词。在阐述观点时,如一个观点引发另一个观点,一般需要用此类过渡词。表示原因的过渡词包括 because, because of, due to, owing to, result from, the reason why... is that..., 等。表示结果的过渡词包括 so, hence, therefore, as a result, result in, for this reason 等。

例如:

The discrepancy results from the deviation of the machine which could beavoided if checked carefully.

(3) 表示比较的过渡词。

比较是指对两种观点或两个事物的相似点进行比较,帮助阐述作者的观点。这类过渡词有 in comparison, similarly, likewise, in the same way 等。

例如:

China won most of the table tennis events. Similarly, in short track speed skating, the top three places went to Chinese.

(4) 表示对比的过渡词。

在对两个不同事件或观点的对立面进行比照时,需要用到表示对比的过渡词。通常,我们先提出一个事件或一方观点,然后再用表示对比的过渡词引出与上文的事件或观点相反的内容。这类过渡词包括 however, nevertheless, by contrast, despite of, although 等。

例如:

In recent years, the rapid development of Artificial Intelligence has promoted the commercialization of humanoid robots, making them a new frontier in industry. However, research on the legal status of humanoid robots is still in its infancy.

(5) 表示时间顺序或次序的过渡词。

在按先后顺序描述事件发生的过程,或罗列主要观点时,使用此类过渡词,可以让文章结构更清晰,语义更连贯,逻辑更严谨。此类过渡词包括 first, second, firstly, secondly, then, finally, eventually, meanwhile 等。

例如:

There are 3 steps to make this questionnaire: firstly...

需要注意的是,用"第一、第二"这类过渡词时,要配套使用。"first..., second..."和"firstly..., secondly..."各自成一家,不能混用。如,"firstly..., second..."这样的表达就是错误的,不连贯的。

(6)表示解释、举例的过渡词。

学术英语写作中经常需要用举例的方法对观点进行进一步阐述,此时需要用过渡词提示读者,过渡词包括 for example, for instance, including 等。在对概括性的观点进行进一步解释时,可以用 namely, like 等过渡词。

例如:

The male characters in this play, including Ezra, Orin and Adam, become the puppets under the discipline of the linguistic power manipulated by Christine and Lavinia.

(7)表示强调的过渡词。

若要对某一观点进行重点说明、突出强调时,需要使用明确的过渡词以提示读者注意。常见的过渡词有, actually, above all, in fact, obviously, particularly 等。

例如:

They are in fact a group of proletarian workers who sell their labors in their family business to earn a meager life.

(8)表示总结的过渡词。

学术文章要求在文末有明确的结论部分,对文章的论证部分进行概括,重申文章主旨,总结观点,这时就需要用到表示总结的过渡词。这类过渡词包括, in summary, to summarize, in conclusion, to conclude, to sum up 等。

例如:

To be concluded, the divine violence through the manipulation on the expiating moment, has two forms of embodiment in the religious circle, the classifications among different groups inside the same religious organization and the monotheism spirit that produces divisions and hostilities among different religions.

过渡词的运用是增强上下文连贯性的关键手段,起着承上启下的作用,也可以使读者在阅读时得到清晰的指引。恰当使用过渡词,不但能够展现作者深厚的文学修养,还能让文章的总体结构一目了然,帮助读者在阅读过程中迅速把握文章的主旨和作者的写作意图。

7.4　学术英语写作常见的语言错误

因研究者语言水平不同,学术英语写作可能会存在各种各样的问题,本节仅就语法层面讲解中国学生容易犯错的几个常见问题,如主谓一致、冠词和代词的使用等。

7.4.1　主谓、单复数不一致

英语的名词和动词有单复数之分,因为这一点不同于汉语,所以导致中国学生在用英语进行表达时非常容易出错。关于主谓一致,最基本的规则是,单数名词、不可数名词或第三人称单数作主语时,谓语动词用单数;复数名词作主语时,谓语动词用复数。

例如:

This scientific novel is written by several writers.

Several writers write this scientific book.

上面两个句子的主语明显,数量容易判断。但当集合名词作主语时,需要格外注意。如果作主语的集合名词强调的是整体,谓语动词用单数;如果强调的是多个成员,谓语动词用复数。

例如:

(1) His family love the baby girl very much.

Her family is large.

(2) The audience are immersed in the beauty of the music.

There is a large audience at the concert.

(3) The class are listening to their teacher carefully.

The class is like a big family.

以上每对例子中的第一句,主语虽是集合名词,但都强调的是个体,意为"每一位家人""每一位观众""班级里的每一位同学",所以谓语动词应用复数。相反,每对例子中的第二句,都把主语看成一个整体,所以谓语动词用单数。

当主语后面有 with, together with, along with, as well as, except, but, rather than, like 等连词时,谓语动词和连词前的主语保持一致。

例如:

Dr. Chu together with several other doctors is highly respected by patients.

All the students of this class except Tom are going to attend the sports meeting next week.

Mental health problems like depression concern a lot of people.

当两个并列主语用 not only... but also... 或 neither... nor... 连接,谓语动词和与其邻近的主语保持一致。例如:

What I care are not only their new inventions but also their working environment.

Neither books nor paper is allowed to be taken into the exam room.

另外,有一些短语如"many a+名词""more than one+名词"作主语时,看上去表示复数含义,谓语动词却需要用单数。

例如:

Many a teacher receives flowers from students.

More than one fireman was injured in this accident.

如果主系表结构的句子中,主语是以 what 开头引导的主语从句,谓语动词与宾语保持一致。例如:

What they found was an astonishment to the whole world.

What she bought include apples, pears, and some cakes.

主谓一致的规则还有很多,以上仅列出容易出错的几条,其他不再赘述。

7.4.2 冠词

汉语中没有冠词,冠词在英语中又是最小单位的词,所以非常容易被中国学生忽视或用错。然而,冠词虽小,作用却十分重要。

英语中,冠词分为不定冠词(a/an)和定冠词(the)。要注意,所有可数名词单数前,如果没有物主代词(my,his 等)或指示代词(this,those 等),必须有冠词 a/an/the。如:

错误:Apple is fruit.

Sun is shining in the sky.

纠正:An apple is a fruit.

The sun is shining in the sky.

以上两个例子中,apple、fruit 和 sun 三个单数名词前面都没有冠词,这样是错误的。apple 和 fruit 前面应该分别加不定冠词 an 和 a,表示一类事物。sun 前面加上 the,因为太阳是世界上独一无二的事物。

接下来介绍定冠词和不定冠词的具体使用范围。不定冠词与定冠词最大的区别在于是否限定范围,即不定冠词是泛指任何一个(类)人或物,而定冠词是指特定的某个(类)人或物。

例如:

If you raise a dog, you should make sure you can take good care of it.

If you raise the dog, you should make sure you can take good care of it.

第一个例子中,不定冠词 a 没有限定养哪一条狗,意思是说,如果想养狗,就要确保能够照顾好这条狗。第二句中用了定冠词,即特指"这条狗",是对话的二人明确知晓的一条狗。

定冠词的其他用法如下:

(1)用于表示上文提到过的人或事物。

例如:

There is a computer on the desk. The computer is bought by Tim's father.

(2)用于表示世界上独一无二的个体。

例如:

The moon is hidden by clouds, making it hard to see the scenery around.

(3)用于方位、次序、形容词最高级前。

例如:

Taiwan is in the southeast of China.

In terms of the size of territory, China ranks the third in the world.

This is the most interesting storybook I have ever read.

(4)用于江河湖海、岛屿山脉前。

例如:

He said that his trip to the Himalayas was so amazing that he would cherish the memory forever.

(5)用于普通名词构成的专有名词前。

例如:

The Great Wall presents the wisdom and diligence of the Chinese people in the old time.

(6)用于乐器前。

例如:

She heard someone playing the violin in the hall and was attracted by the melody.

(7) 用于姓氏复数前，表示一家人。

例如：

The Smiths are going to visit Canada next week.

(8) 用于形容词前，表示一类人。

例如：

The old should be respected and taken good care of by the whole society.

但是，针对上述第(2)条，如果在独一无二的名词前有修饰语时，需要把定冠词改为不定冠词。

例如：

It is our fortune that we live in a peaceful world.

这里的"world"不再是独一无二的，而是多种多样的，它可以是和平的、不和平的、充满善意的、肮脏的等。此时，就是泛指，所以用不定冠词。

另外，如果乐器前有修饰语时，可能用定冠词，也可能用不定冠词。如：

She was playing an old piano.

She was playing the old piano.

"piano"前面用"old"一词进行修饰，此时前面用不定冠词，表示泛指；用定冠词，表示特指，就是特定的那一架旧钢琴。

7.4.3 代词使用错误

代词在句子中用来指代名词或名词性短语的词，一般而言，其指代的内容已经在上文提到过，其指代的名词或名词性短语叫作先行词。这里可以看出，代词和其指代的名词或名词性短语存在对应关系，也就是说，代词和其先行词必须一致，包括人称一致、单复数一致等，否则会导致文章逻辑混乱不清。

人称一致是指，如果先行词是第一、第二或第三人称，那么代词也应该与其对应，是第一或第二或第三人称。

例如：

错误：If one wants to be a Chinese-English interpreter, you must have a good master of both languages and the ability of quick responses.

纠正：If one wants to be a Chinese-English interpreter, he/she must have a good master of both languages and the ability of quick responses.

或：If you want to be a Chinese-English interpreter, you must have a good master of both languages and the ability of quick responses.

该例子中,条件状语从句中的主语"one"是先行词,为第三人称,所以主句代词主语也应该是第三人称;而 one 是泛指,性别不确定,所以为保持一致,主句中的主语应该把两个性别都包含在内,用 he/she。也可以选用第二种纠正方法,即把从句中的先行词改成第二人称,和主句一致。

先行词和代词在单复数上保持一致,这一点较容易理解,即如先行词为单数,代词也应该是单数;如先行词为复数,代词也应该是复数。所以,重要的是要区分哪些代词先行词是单数,哪些代词先行词是复数。

单数含义的代词先行词有 somebody, someone, everybody, everyone, everything, anybody, anyone, anything, each, one, either, neither 等。使用以上先行词时,对应的代词应使用单数。

例如：

错误：Everyone should be responsible for their mistake.

纠正：Everyone should be responsible for his/her mistake.

复数含义的代词先行词有 some, many, a few, both, several 等。使用以上先行词时,对应的代词应使用复数。

例如：

错误：Some students are playing on the playground, some are doing his homework in the classroom, and others are making thanks cards for his mother.

纠正：Some students are playing on the playground, some are doing their homework in the classroom, and others are making thanks cards for their mothers.

本句中,some 和 others 都是复数先行词,指代"一些学生",后面对应的人称代词均应使用复数 their。

代词在使用时,除了要与先行词保持一致以外,还需要明确代词的所指,否则就出现指代不清的问题,产生歧义。

例如：

错误：Among all these books, I like this one best, for he is my favorite writer.

纠正：Among all these books, I like this one best, for its writer is my favorite.

这个例子中,he 没有对应的先行词,按照语义可以判断出是指这本书的作者,所以这里不用代词 he,修改为"its writer",its 的先行词为"this one"指代 book。

再如:

错误:He and Tom went back his home.

纠正:He went back his home with Tom.

或:He and Tom went back Tom's home.

本句中,his 前面有两个先行词,分别是"he"和"Tom",所以读者无法区分他们是回了谁的家,产生歧义。

以上可见,代词虽小,使用时却不可大意。

第8章 修改草稿

写完初稿意味着论文写作已经完成了一大半，但绝不是已经大功告成。接下来的修改工作甚至会更加痛苦，要知道，论文不是写给自己看的，而是写给审稿人、专家、同行和其他读者看的，所以作者要从读者的角度去审视它。首先，建议写完初稿后，将其搁置在一旁，几天后再修改。因为，在写作过程中，认为自己的观点无懈可击；但完成初稿，冷静几天后，让自己稍微忘记当初的语言组织和逻辑，产生陌生感，而后再以读者的身份看文章，才会发现其中的一些错误和漏洞。另外，不要急于修改语言层面的错误，而是先从文章的主体结构和论证方面下手，确保文章核心没有问题，再去修饰语言，修改格式。

8.1 检查论证中的盲点

文章即便使用了正确的语言，把观点清楚、明确地表达了出来，文章却依然可能被导师或同行质疑，甚至推翻。这时，他们质疑的不是语言，而是论证过程不足以让他们相信结论。所以，完成初稿后，首先要检查论文的论证是否充分，考虑是否需要继续提供有效的证据，以及证据是否足够有力。

在检查时，要确保不犯以下错误：

(1) 主观化：单纯提出观点，没有论据支撑。
(2) 以偏概全：只看能够证明自己论点的论据，忽略对立观点及其证据。
(3) 轶事证据：用个人经历或名人轶事而非科学研究作证据。
(4) 过于绝对：使用过于绝对的词，如 all, never, absolutely 等。
(5) 人身攻击：论证时攻击对方的为人或品行，而不是反驳对方的论证。
(6) 从众：因为很多人赞成或反对某个观点，所以认为这个观点就是正确的或错误的。
(7) 诉诸权威谬论：举出一个不相关领域的权威专家，引用其在非自身专业领域发表的观点。
(8) 诉诸无知谬论：因为尚无证据表明观点是错误的，所以得出结论观点是正确的。其在本质上是证据不足，又根据其证据不足，得出结论。

(9)循环论证:没有提出真正的论点,而是用换一种说法重新阐释某结论,或以一种看似是论点实则兜圈子的方式说明某观点的正确性。

8.2 检查引言、结论和论点

一篇好的论文,引言部分包含研究背景、研究问题、研究意义、研究主张,文章主体部分针对研究问题进行深入浅出的论证,最终在结论部分总结论点、重申主张、指出新的研究方向。所以,引言、论点和结论是一脉相承的。

检查引言、结论和论点的目的是要确保引言、结论与论点是一致的。而写作中会有一些情况导致作者无法完成三者的一致性,有以下几种情况:

(1)引言部分与结论和论点不一致。

一些研究者在开题写作时仅有限的思路,观点并不清晰,或思路清晰但所需的调研数据、分析材料还不足以让论点及结论清晰,这样会导致在引言部分的语言表述较为薄弱,引言中无法清晰提出主张,而当数据及材料分析完毕,论文主体论述、论点及结论能完成较好,最终使得开篇所写的引言就与主体论述和论点等不协调。

还有的学术论文开题时已经有完整的数据或调研支持,但作者开篇时语言组织能力还没有完全跟上,导致引言部分表述不能完全切合论点及结论,等写作渐入佳境后,论文表述才比较成功,这就需要重新修改引言部分。

(2)结论部分与论点及引言不一致。

研究者在论文写作过程中,往往会有新的观点或者新的思路应运而生,所以在写作过程中,采取如意识流般的写作方式,顺着自己新的观点或思路展开,于是开题时可能是一个观点,但随着课题的深入开展,写出来的可能指向另一个观点,最终导致结论与论点不符,与引言也不符,这就需要重新整理思路修改观点。

分析以上原因后,不难发现,论文完成后检查结论与论点及引言的一致性是十分必要的。

8.3 确保学术英语论文的主要部分的连贯性

优秀的学术论文是连贯流畅的,而不是每部分分而治之、割裂分离的。论文的可读性深受其主体连贯性的影响。

首先,从读者理解的层面看,连贯的论文主体能让读者清晰地看到整篇文章的框架,使得读者能够轻松地跟随作者的思维脉络,准确地把握论文的核心观点和论证逻辑,进而全面理解论文内容。

其次,连贯的论文能够保证阅读的流畅性,降低阅读难度。这样的论文段落划分合理,衔接紧密,过渡自然,不会出现跳跃式思维,读者接收到的信息流畅,阅读起来更轻松。同时,通过适当的解释、恰当的举例,以及合理的引用,深入浅出能够让复杂的概念和论点更加容易理解,降低了阅读难度。

再者,连贯性增强了论文的说服力。连贯的论文能够完整地展示作者的论证过程,让读者清晰地看到论点的逐步展开,证据的充分提供和结论的合理论证。这种逻辑严密的论证方式使得读者对论文的论点更加信服,从而提高了论文的说服力。

最后,连贯性还能够增强论文的学术价值。如果作者有较高的研究能力和学术素养,那么必定能用合理的逻辑、流畅的文字表达出自己缜密的思想和独到的见解,写出的文章也一定有较强的连贯性。所以说,连贯性强的论文不仅是研究能力和学术素养的体现,也能帮助提升学术价值,有助于论文在学术界获得更高的认可和评价。

因此,在撰写论文时,作者应高度重视论文主体的连贯性。通过构建清晰的逻辑结构,使用恰当的过渡性词句,保持内容的一致性以及合理安排段落和句子等方式,可以有效提高论文的连贯性和可读性。

检查时,要做到以下几点:

(1) 关键词贯穿全文。

摘要、引言和结论部分的关键词代表整篇文章的研究方向。完成初稿后,可以自己在主体部分搜寻关键词及其相关术语,如果某些段落中找不到相关词汇或表达方式,则意味着已经跑题了,需要对这样的段落进行修改。

(2) 术语一致。

检查每部分的术语,确保相同的术语使用一致,相同的概念使用相同的术语进行表述,否则会引起表述混乱,让读者不知所云。

(3) 立足论点。

先在引言中找出研究问题,在结论中找出全文的核心论点,然后再找到每个段落的主旨句,看这些句子是否围绕研究问题展开,各个分论点是否有力支撑核心论点,能够推得最终的结论。如果是,则代表文章符合逻辑;如果不是,说明作者思维不够缜密,文章逻辑推理出现问题,需要调整。

(4) 使用过渡性词汇和句子。

检查各个段落之间是否合理使用了过渡词或句子,如 however, in addition, moreover, therefore, apart from 等,保证段落合理自然过渡。这些过渡词或句子能使文章架构更清晰,读者更容易理解各个段落之间的关系。

(5) 段落内部安排合理。

确保每段围绕主旨句展开,段内不引入无关信息,段尾处有总结句总结整个段落的要点。各个句子之间逻辑关系明确,连接紧密,思想不跳跃。

(6) 征求他人意见。

进行上述检查后,可以让同学或老师提供关于连贯性的建议。尤其是非本专业的读者,如果他们读完,能够明白整篇文章的逻辑,大概复述出作者的观点,说明在整体上大致是连贯的。

8.4 将引证融入学术英语写作文本

引证是学术英语写作中必不可少的一部分。引证是指引用其他学者发表的观点作为证据,为自己的论点提供可靠的依据和有力的支撑。然而,一些新手,尤其本科生,在进行论文写作时不愿引用他人观点,认为自己的观点标新立异,思辨和论述能力强,足以让他人信服自己的论点,或者认为引用他人观点会降低自己文章的创新度。实际上,多数学科都有着多年的发展历史,深厚的理论基础,庞大的知识体系。如果新手没有前人的思想理论做支撑,相当于建造空中楼阁没有坚实的地基,经不起推敲,难以立足。相反,合理引证他人观点,才能显示出你对该领域进行了深入探究和深度思考,且有足够的学术英语写作能力进行信息整合,有能力运用各方观点辅助自己进行全方位的论证,从而增强文章可信度,最终使读者信服。

常用的学术引证方式包括,直接引用、间接引用,以及概述引用。三种方式在写作格式及语言表达层面各不相同,但有三个原则是一致的,一是要标明出处,即原文的作者及观点所在著作页码等信息,避免抄袭;二是要忠实于原文,即表述出原文的含义,不能曲解、断章取义;三是引用内容要与自己的文章息息相关,能够支撑文章的论点,不引用无关信息。

8.4.1 直接引用

直接引用是指原封不动地引用其他作者的文字,并用双引号标示出来。一些新手为了证明自己读了很多文献,而且有很多人的观点可以支撑自己的论点,所以会在文章内出现很多处直接引用,还有些作者喜欢大段引用,但实际上这两种做法都是不可取的。引用他人观点是为了给自己的论点提供依据,围绕中心论点进行论述,过多引用有套用嫌疑,自己的论证过程占的篇幅所剩无几,难以体现作者本人的原创度,这样的文章自然算不上优秀。

直接引用多适用于引用定义、说服力强的观点、权威观点或是其他作者原创的表达方式。

接下来介绍直接引用的具体方法。

直接引用时,不建议将原文的句子直接放在自己的文中充当一个完整的句子,而是要用从句等方式嵌入自己的句子之中。

例如:

不建议:"English continues to be an official language alongside..." (Li, 1999) In view of the social prestige and symbolic predominance of English in post 1997 Chinese... Hong Kong, the term "auxiliary language" (Luke & Richards, 1982) seems no longer an appropriate characterization of its status.

建议:As Li (1999) points out, "English continues to be an official language alongside..." In view of the social prestige and symbolic predominance of English in post 1997 Chinese... Hong Kong, the term "auxiliary language" (Luke & Richards, 1982) seems no longer an appropriate characterization of its status.

以上例子中,就是用引号引用了完整的一句话,并在自己的文章中充当一个完整的句子。合适的做法是用"As Li points out..."这样一个状语从句提出 Li 的观点,再补充上合适的出处信息。

这个例子中用的 point out 是信号动词,用于提示读者后面即引用内容,其他常用的信号动词有:mention, suggest, claim, believe, argue, agree, conclude, explain, define, illustrate, state 等。此外,还可以使用 according to, in line with 等介词短语。

例如:

Brown suggests that "..." (1981).

Wilson argues in his article that "..." (1995).

According to Thomas and Evans, "..." (2002).

当然,除了引用句子外,直接引用还可以引用短语等,充当句子的部分成分,这些内容也需要用引号表示出来。

例如：

Stallman argues that Jim embodies Christ and the novel then becomes "a chronicle of redemption" (Cady).

Whiteness is granted the "unmarked and unnamed status" by the whites so that "it can function invisibly without opposition" (Reeser).

一般而言，直接引用时，不可以对原文的语言细节进行改动。但有时，如果想把引文合理地嵌入自己的文章中，但引文部分的大小写不符合书写要求，或是时态可能与论文其余部分不一致，这时就要对引文进行修改，改动部分需要用方括号"[ ]"标示出来。如果引文部分较长，中间包含一部分不需要的信息，可以将其省略，用省略号"…"标示出来。

另外，如果引用字数超过 40 字/词，引用部分需要另起一段，每一行需要左右缩进。例如：

In fact, the mouth is the only dramatic character in Beckett's plays who directly identifies herself as a machine, and on two occasions. The first time she says:

> …some flaw in her make-up… incapable of deceit… or the machine… more likely the machine… so disconnected… never got the message… or powerless to respond… like numbed… Couldn't make the sound… not any sound… no sound of any kind… no screaming for help for example… should she feel so inclined… scream… [Screams.]… then listen… [Silence.] (Beckett, Not I)

8.4.2 间接引用

间接引用也叫作改述。间接引用和直接引用的主要区别有两点，一是间接引用不需要使用引号，但需要在改述结尾处标注出处，有利于帮助读者了解观点来源，避免抄袭；二是间接引用要用自己的语言进行准确的改述，除关键词外，尽量少用原作者的表达方式。无论是直接引用还是间接引用，都需要忠实于原文，不能改变引用内容的含义。

例如：

The principle of vicarious causation identified by Harman functions by sensual qualities and sensual object, and is thus a fundamentally aesthetic relation. That is why Harman sees aesthetics as the first philosophy ("Vicarious"), but this aesthetic relation is founded inherently on the conditions of resistance and withdrawal.

前面讲过,不建议一篇文章内使用过多直接引用,但如果还需要引用其他学者的观点时,便可以选择间接引用。引用非专业定义以及非权威专家的观点时,使用间接引用的方法更佳。在进行改写时,需要仔细研读原句及其上下文,所以,使用间接引用的方法能够帮助我们更好地理解原文。另外,如果原句较为晦涩难懂,可以用通俗易懂的文字表述出来,而且改写后的语句风格更适合行文,使得文章更通顺流畅,提高文章可读性。因此,恰当的间接引用,说明作者大量阅读了该领域的科研资料并进行了辨证思考,有较强的论证能力、梳理能力和综合表达能力,一定程度上体现了作者的学术水平,增强文章可信度。

改述技巧一般有如下 3 种:

(1)改变句子结构或语序,如主动句和被动句的转换、长短句的转换。

(2)使用同义词进行替换,如 repellent 替换为 disgusting 或 unpleasant。

(3)改变单词词性,如动词变名词(complete 替换为 completion),动词变形容词(complete 替换为 completed)等。

例如:

原文:"Most of these essays have known earlier publication, but none has escaped revision, at times radical heart surgery."(Lee, 2009)

改述:According to Lee (2009), although a majority of these essays have been published earlier, all of them had to be revised, some of which were transformed into totally different ideas.

这个例子中,首先用 according to 短语提示读者,接下来是引用内容。引用中没有使用引号,在原作者名字后用括号标注作品出版时间,代表本句为间接引用。原文是并列句,将其改写为 although 连接的让步状语从句加上 some of which 引导的非限制性定语从句,主动句 know earlier publication 转写为被动句 be published earlier,对句型做出改变。其次,most 用 majority 进行同义替换;通过上下文判断,此处是指大刀阔斧地对书籍进行改编,甚至改变了其中心思想,所以转写成"be transformed into totally different ideas"。另外,名词 revision 改写成动词 revise。整体而言,通过间接引用的方法,句子不仅没有改变原句要表达的含义,同时把"radical heart surgery"解释得更加清楚,而且减少了直接引用,增强了文章的可信度以及可读性。

8.4.3 概述引用

在论文的撰写过程中,概述引用是除直接引用、间接引用以外的第三种常用引用手段。前面一小节讲到的间接引用是用自己的语言对一句话或一小段话进行改写,而概述引用则是用自己的语言对一大段话乃至是一篇文章、一本书的内容进行综合概括,主要用于介绍和总结某一特定研究背景、研究理论或相关文献等,最常应用于论文的引言和文献综述部分。概述引用的特点是清晰、简洁。由于概述引用仍是引用他人观点,所以表明出处必不可少,以避免抄袭。

在论文写作中,概述引用主要在以下几种情况中使用:

(1)引用他人的理论、观点、数据或研究成果时,需要使用概述引用对信息进行总结性介绍,为文章提供理论依据和论证基础。

例如:

Chinese scholar Long Diyong argues that the narrative of picture is the temporalization of the space, that is, the placement of the temporalized and de-contextualized picture into the progression of time so as to restore or reconstruct its original context.

(2)介绍研究背景和相关领域的已有研究成果及发展趋势时,需要使用概述引用,以证明自己提出的研究问题具有研究必要性,且有科学依据。

例如:

Linda Hart (1987) traced Shepard's maturation in regard to his dramaturgy, while taking into full account his indebtedness to European dramatists' anti-illusionist and anti-literary attempts and two American theatre groups.

(3)在需要特别强调以支持自己的论点或反驳某一个观点时,可以使用概述方法引用他人的研究成果或观点。

例如:

It is well documented that in Waiting for Godot, the physical performances of Didi and Gogo owe a great debt to the Western comic tradition, including slapstick, music hall, vaudeville and the silent films of Charlie Chaplin and Buster Keaton (Feng).

(4)一些读者因为文化背景和层次关系,可能无法准确理解某些术语、概念或定义,此时可以通过概述方法引用前人给出的定义或解释,用通俗易懂的方式传递出专业知识。

例如：

According to Mitchell's map of the genealogy of images, pictures constitute one part of the graphic images, other members of which being statues and designs'. Picture in this context specifically refers to picture in the narrow sense, concrete and specific, while picture-making is a deliberate act of visual representation, as Mitchell noted ("Picture Theory").

通过恰当地概述引用，不仅能够显著展现研究的广度和深度，还能彰显科研者的专业素养，进而增强学术英语论文的说服力与权威性。

第 9 章　学术英语论文查重及降重

查重，即将写好的论文通过论文检测系统资源库进行比对，得出与其他论文的相似度。也就是说，核查论文的原创度，排查其是否为抄袭得来。这是论文提交前必不可少的环节。

9.1　查重的必要性

众所周知，学术论文的写作难免参考借鉴他人著作，最主要的体现就是引用文献。如上一章所讲，如果引用他人文献却不标注出处来源，就涉嫌抄袭或剽窃。学术剽窃是把他人的学术成果当作自己的成果，侵犯他人权益，破坏著作权和知识产权，属于学术不端行为，更是违法行为。如果学生的论文被断定为剽窃，可能会被取消课程成绩，甚至被撤销学位；如科研工作者有抄袭行为，则可能会被停职或取消资格等，名誉也会受到影响。

学术抄袭或剽窃的原因有很多。一些有意抄袭，可能是因为作者没有独特的学术见解，导致直接照搬他人的观点、图表、数据等；也有一些有意抄袭是因为自己的语言表述能力不足，在自己的文章内套用他人的语句或段落。另外，还有无意抄袭。一些新手作者因为不熟悉文献引用规范，文内引用内容没有按规定标明来源，或是因为粗心，忘记标注来源，导致无意抄袭。

至于文章具体是否会被判定为抄袭或剽窃，需要对论文进行查重。查重不是查引用部分的重复率，而是查引用文献以外部分的重复率。如果重复率过高，就会被断定为学术剽窃。

表 9.1 和表 9.2 是重复率较高的真实写作案例，例子来源于教师教学过程；

表 9.1 案例一

学生写作	抄袭来源
Post-holiday syndrome is a variety of physical or psychological manifestations that people experience after a big holiday. Such as feeling tired in the two or three days after the holiday, unable to lift energy, nervous breakdown, etc. First of all, there is sleep disorder. During the holidays, gathering with friends and relatives, it is inevitable that everyone will play games and relax together, often sleeping late, disrupting the normal schedule. Then there is loss of appetite and decreased resistance. Eating is the "main theme" of the holiday, delicious dishes are dazzling, a variety of special snacks are overwhelmed, relatives and friends gather continuously, and many people forget "moderate diet" under the background of a joyful atmosphere. That's what I think of as post-holiday syndrome	Post-holiday syndrome is a variety of physical or psychological manifestations that people experience after a big holiday. Such as feeling tired in the two or three days after the holiday, unable to concentrate, unable to lift energy, nervous breakdown, etc. Eating is the "main theme" of the holiday, delicious dishes are dazzling, a variety of special snacks are overwhelmed, relatives and friends gather continuously, and many people forget "moderate diet" under the background of a joyful atmosphere. The common manifestation is dry mouth, bitter tongue, loss of appetite, and some people have red eyes, toothache, mouth ulcers, herpes at the corners of the mouth, etc., which is "internal fire" in Chinese medicine, which will lead to a decrease in the body's resistance. According to the survey, 85% of people will have a completely different schedule during the holidays than usual. During the holidays, gathering with friends and relatives, it is inevitable that everyone will play games and relax together, often sleeping late, disrupting the normal schedule. Adjust your biological clock. Adjust your body clock to a healthy state a few days before and after school, and take as many breaks as possible at noon between classes. Sleep is an important means to drive away fatigue, through rest, bathing and soaking feet, etc. to eliminate fatigue, to achieve early bedtime and early rising, orderly living, to ensure sufficient sleep time

通过比对可以发现，学生提交的作文中，全文只有三句话为原创，画线部分一字不差地抄袭了其他人的文章。学生自作聪明地调整了论点的顺序，但依然

逃不过检测系统的"法眼"。另外,学生所抄袭的原文存在明显的语法错误,在抄袭过程中也不加甄别,完全照搬,做法非常不聪明。

表9.2 案例二

学生写作	抄袭来源
As everyone knows, there is a close relationship between human and nature. Nature is the basis of our existence, and we need to get some objects, for example, food, water, air and other resources from nature to maintain life. However, with the continuous development of human activities, our impact on nature is becoming greater and greater	It is well known that there is a close relationship between nature and human. Nature is the basis of our existence, and we have to utilize natural resources to sustain life, including food, water, air and so on. Nevertheless, human has greater impact on nature due to the continuous development of human activities

这个例子中,学生对原文进行了同义改写,但句子结构基本没有变化,重复内容非常多,明显属于抄袭。

学术论文查重是十分必要的:

首先,可以有效避免剽窃行为,维护学术规范,确保学术诚信。

其次,查重可以保护原创作者的权益,同时也能净化学术环境,防止劣币追逐良币,使真正有价值的学术研究得到应有的关注,继而推动学术创新和技术进步。

再次,查重可以提高论文水平。一些查重软件可以指出文章的缺点和不足,能够帮助作者填补文章中的漏洞,比如语言表述不清、论证逻辑不合理等,从而提高论文质量。

另外,查重后,如果论文重复率低,说明原创度高,能够充分体现论文的可信度以及作者的学术水平,帮助作者树立良好的学术形象。

当然,查重的必要性还体现在增加论文初筛效率上。随着互联网时代的兴起,知识壁垒进一步降低,许多学术爱好者也会参与学术论文的发表。这样一来需要审核的学术论文的数量也与日俱增,但质量良莠不齐,可能存在大量抄袭内容。预先查重能很好地把抄袭论文直接筛查出来,这样极大地增加了审稿效率,也从侧面加强了识别原创论文的效率。所以说,查重是保护知识产权的必要手段。

9.2 权威查重算法及原理

学术论文查重,在如今的学术行为规范中起着至关重要的作用,查重的算法及原理也不断推陈出新。

查重算法是一种用于检测文本相似度或重复内容的自动化工具,其原理基于一系列复杂的文本分析和比较技术。这些算法通过特定的计算方法,对文本进行深度分析,以识别出其中的相似或重复部分。

查重算法的核心是文本特征的提取和比较。首先,算法会对输入的文本进行分词处理,将文本拆分成一个个的词语或短语。然后,这些词语或短语会被转换成一种可以被算法理解的数值形式,即特征向量。这个特征向量包含了文本中各个词语或短语的出现频率、位置信息等关键数据。接下来,算法会使用一种相似度计算方法来比较不同文本的特征向量。常见的相似度计算方法有余弦相似度、Jaccard 相似度等。这些方法通过计算两个特征向量之间的距离或重合度,来评估两个文本的相似程度。在得到文本之间的相似度后,查重算法会设定一个阈值来判断文本是否构成重复。如果两个文本的相似度超过了设定的阈值,那么它们就被认为是重复的。这个阈值通常根据具体的应用场景和需求来确定。

以下是几种常见的查重算法原理以及它们之间的区别:

(1)字符串匹配算法。

原理:字符串匹配算法是最基础的查重算法之一。它通过直接比较文本中的字符串,查找完全相同的片段或短语来判断重复。

特点:简单直接,但只能检测完全相同的文本片段,对于语义相似但表述不同的文本无能为力。

(2)哈希算法。

原理:哈希算法将文本转换为一个固定长度的哈希值,通过比较哈希值来判断文本的相似度。

特点:计算速度快,适用于大规模文本处理。然而,哈希算法存在哈希冲突的问题,即不同的文本可能会产生相同的哈希值,导致误判。

(3)N-gram 算法。

原理:N-gram 算法将文本分割成连续的 N 个词或字符的序列(称为 N 元组),然后比较这些 N 元组的相似度来判断文本的相似度。

特点:能够识别相似的文本,相对于字符串匹配算法和哈希算法,其检测精度更高。但 N-gram 的长度选择对结果有很大影响。

(4)向量空间模型算法(VSM)。

原理:向量空间模型算法将文本转换为向量,每个维度代表文本中的一个特征(如词汇)。通过计算向量之间的相似度(如余弦相似度)来判断文本的相似度。

特点:可以识别语义相似的文本,对于表述方式不同的文本也能进行较好的匹配。但需要大量的训练数据和复杂的计算过程。

(5)基于语义分析的算法。

原理:这种算法通过深入理解文本的语义内容,来判断文本之间的相似度。它通常依赖于自然语言处理(NLP)技术,如词嵌入、句子嵌入等。

特点:能够识别出语义上的相似性,而不仅仅是字面上的相似性。适用于需要深入理解文本内容的场景,如学术论文查重。但计算复杂度较高,需要较高的技术门槛。这些算法各有优缺点,适用于不同的场景和需求。在实际应用中,需要根据具体情况选择合适的算法或结合多种算法来提高查重效果。

查重算法的应用范围非常广泛,包括学术论文查重、新闻稿查重、网站内容检测等多个领域。通过自动化地检测文本中的重复内容,查重算法可以提高工作效率,减少人工审核的负担,同时也可以保护知识产权,维护学术诚信。

9.3 降重的方法和案例分析

重复率过高,会被判定为抄袭或剽窃,造成被拒稿等一系列后果,所以应努力降低重复率。

为了实现降低重复率,我们可以对原文进行改写,即用自己的话对原文进行重新表述。改写要做到切题、准确、原创性、连贯。改写的前提是不能改变原文的含义,所以必须要读懂、读透原文,可以反复多读几次。读懂后,要确保其与自己的文章内容相符,嵌入自己的文内,能保证逻辑合理。因为我们很容易被原文的表达方式所左右,于是,接下来可以把原文收起来,用自己的语言重新进行表述原文想要表达的含义。然后,将改写好的句子与原文进行比对,看是否表达了原文的含义,是否有很多词句重复。如语义没有改变,且重复率不高,再将其嵌入自己的行文内,此时要确保上下文连贯、流畅,语言风格一致。

至于改写的方法,本质上和我们上一章所讲过的改述引用方法相类似,即改变句子结构,如复杂句变简单句,主动句变被动句等;用同义词或同义短语替换;改变词性,如动词改写为名词,名词改写为形容词等。

现在重新看一下上一小节提到的抄袭案例:

原文:Post-holiday syndrome is a variety of physical or psychological manifestations that people experience after a big holiday. Such as feeling tired in the two or three days after the holiday, unable to lift energy, nervous breakdown, etc. First of all, there is sleep disorder. During the holidays, gathering with friends and relatives, it is inevitable that everyone will play games and relax together, often sleeping late, disrupting the normal schedule.

建议改写:Post-holiday syndrome refers to the physical or mental disorders that individuals have after a long holiday. These can include feelings of extreme fatigue, diminished energy levels, and nervous tension in the initial days following the holiday. One of the most prominent symptoms is the disruption of sleep patterns. During the festive period, family reunions and friends gathering often involve engaging social activities and games, often leading to late nights and a subsequent disruption of one's regular sleep schedule.

原文第一句话属于定义性质,句型很难改变,于是对字词进行同义词替换。原文的第二句话存在语法错误,用 such as 举例时,并不能独立成句,且并列成分词性应保持一致。纠正语法后,其他表述用同义短语替换。原文最后一句话是由 it 引导的主语从句,改写为主谓宾结构"family reunions and friends gathering often involve...",最后用 leading to 引导结果状语。改写完成后,除定义部分,重复率非常低。

第二个学生抄袭案例:

原文:It is well known that there is a close relationship between nature and human. Nature is the basis of our existence, and we have to utilize natural resources to sustain life, including food, water, air and so on. Nevertheless, human has greater impact on nature due to the continuous development of human activities.

学生的改写:As everyone knows, there is a close relationship between human and nature. Nature is the basis of our existence, and we need to get some objects, for example, food, water, air and other resources from nature to maintain life. However, with the continuous development of human activities, our impact on nature is becoming greater and greater.

这个例子的确按照所讲的改写技巧对原文调整了句式（如第一句由 it 引导的主语从句改写为 as 引导的状语从句，第三句中把主语 human 改写为 our impact on nature 作主语），用同义词进行了替换（如 utilize 改为 get）等，但改写后仍有大部分重复内容（见画线部分），重复率为 28/56＝50%。所以，这是不合格的改写。

建议改写：As we all know, nature and human are closely related to each other. Nature provides the basic foundation to human being, and we could not live without natural resources, such as food, water and air. With the ever change of our life style, however, we humans have more significant and profound effect on nature than before.

再次修改的过程中，将原文的 there be 句型改为主系表结构，这句话中除了词组"human and nature"再无重复内容。接下来，将"Nature is the basis of …"主系表结构，调整为动宾结构"provide sth. to sb"，后半句用虚拟语气"we could not live without…"，表达出 sustain life 的同等含义。最后一句话中，把转折连词 however 当作插入语，单数主语 human 改为复数，"greater"用同义表达"more significant and profound"替换。这样一来，成功降重。

再看一些其他例子：

原文：He explained that the common stereotype about autistic individuals being geniuses likely stems from the portrayal of autistic characters in movies and novels, who often have savant syndrome — a rare condition within the autism spectrum that only affects 0.5 to 10 percent of the autistic community.

改写：According to him, talents are always portrayed in fictions and films as those who have mental disabilities including autistic disorder but demonstrate profound and prodigious capacities or abilities far in excess of what would be considered normal. Actually, the number of these people is very small and accounts for only 0.5% to 10% among those who are diagnosed with autism spectrum. However, it may be this kind of portrayal that leads to people's prevalent misconception regarding individuals with autism.

原文的句子非常简洁，但存在专业术语 savant syndrome，所以可以通过解释对其进行改写，使其通俗易懂。另外，原句的从句使用的是动词短语 stem from，表示原因。改写时，用 lead to 表示前面的现象导致了后面的结果，更加符合上下文的逻辑，流畅连贯。同时，对 common stereotype 进行同义替换，用 prevalent misconception 表示，完成整段改写。

原文：He remembered his arrival in Male years ago when people often said the airport was nothing like an international tourist resort; people had to queue for hours for check-in.

改写：His memory about his land in Male many years ago was fresh: although it was <u>an international tourist resort</u>, people frequently complained that the airport lacked the typical amenities and features with passengers having to spend hours lining up for check-in.

这个例子中，我们首先改变句子结构，原文是用分号连接的两个并列分句，都是形容多年前 Male 机场的状况；我们改用冒号，用 memory 作主语，冒号后具体解释"his memory"的具体内容，句式改变，但含义不变。通过语义分析可以发现，人们对当时的机场评价不高，"完全没有国际旅游胜地的样子"，所以可以改用状语从句，并加以具体解释，"虽然是国际旅游胜地，却完全没有应有的设施和特点"，谓语动词用 complained，非常恰当。后面一个小分句原本是主谓结构，将其改写为 with 引导的伴随状语，整个句子非常连贯。改写后，除画线部分外，并无重复内容。

第10章 参考文献格式

学术论文写作不同于普通写作，在撰写时要做到严谨、规范。严谨侧重内容层面，即写作要论证充分，逻辑合理，语言精准。规范则指在写作过程中遵守固定格式，包括摘要、引言、文献综述、主体、结论等各个部分，同时也包括参考文献。进行文献引用时，要遵循一定的原则和要求，使用固定格式，附在正文后的参考文献部分也要遵循固定格式。

10.1 参考文献引用原则和要求

论文要论证充分，不能自说自话，要有足够的理论或数据支撑。学科发展是循序渐进的，是前辈们奠定的理论基础，后生才得以"站在巨人的肩膀上"看世界，进而继续探索，迸发思维火花，有所发现。因此，要做到论证充分，引用其他学者的观点则必不可少，这样会让写出的文章更科学，更有说服力。但要判断哪些内容可以引用，哪些内容不可以引用，就需要遵守一定的原则。

权威性原则：文献引用应尽量选择经典论文、权威著作以及领域内权威专家的观点，这样才能让审稿人和读者信服。

（1）时效性原则。

对于大部分学科而言，引用文献应注意其时效性，不能只顾引用早年间的经典文献，忽略学科发展的新方向，而是要关注学科前沿，引用较新的文献，这样才能顺应时代发展潮流。但要注意的是，并不是所有的学科和研究领域都要求引用最新文献，诸如历史学、考古学等方向的论文，引用早年间的文献或许更有说服力。

（2）相关性原则。

部分学术新人在论文撰写过程中存在一个误区，认为多引用文献，才能证明自己的论文有说服力，导致引用了一些与自己的论文相关性并不大的文章，反而显得逻辑不清，烦冗混乱。所以，一定要引用相关性强的内容，有用的引用，没用的一概不引用。

(3) 确当性原则。

引用的文献需要能够有效支撑论证的论点,或能证明论证中所述论据的正确性,这就要求引用文献建立在论证需要的基础上,尽量做到确切、适当。因此,引用文献不是简单地以数量的多少、时间的新旧作为评判依据,而应根据论文的论点、论据和主体内容适当选择引用文献。

(4) 可信度原则。

文献是为支撑论文正确性而引用的,因此,文献的来源可信是最基本的要求,像正规的学术期刊、学术出版社都是较为可信的来源,个人博客、社交媒体等属于未经验证的来源,其可信度无法证实。

坚持以上原则,论文就具备了一定的可信度,在一定程度上做到了严谨。但引用需要遵循固定格式,符合规范。这就要求我们做到如下几点:

(1) 确保引用的准确性。

引用参考文献,应准确注明基本信息。包括,文献名称、作者姓名、出版日期、出版者、页码等。这样读者便可以对引文进行追溯,找到原文进行验证,增加文章的可信度。

(2) 适度引用。

文献不能过度引用,不能堆砌文献,避免滥用他人成果。

(3) 区分引述和援引:引述和援引文献内容时,应明确区分自己的观点和所引用文献的观点,并使用恰当的标点符号或格式等方式进行标识。

(4) 尊重知识产权:引用文献时必须尊重原著的知识产权,遵守版权法律和道德规范,未经许可不得使用或修改。

10.2　参考文献的不同格式

所有学术著作都要求附有参考文献(Works Cited 或 References),明确标示出所引用文献和资料的来源,其目的是为了让审稿人和读者知道该篇文章或著作所引用的观点、数据或论据出自哪里——不管引用出自期刊论文、专著、专利、数据库、电子公告、报告等,都需要一一标出,且与文内引用处一一对应。列出参考书目,不仅便于读者找到相关信息,同时也能方便读者查证作者是否真正引用了相关资料,从而增加学术研究的效度。需要注意的是,研究者只需要列出自己在论文正文中引用的文献,未参照的文献不可以出现在参考文献列表中。

参考文献同样要求遵守固定格式规范,且要求文末的参考文献与文内的引用部分格式统一,即如正文使用 APA 格式,则文末的参考文献也需要遵循 APA 格式,其他格式同理。

常用的参考文献格式有如下几种:

美国现代语言协会制定的论文指导格式 MLA 的具体内容可参考《MLA 学术论文指南》(*MLA Handbook for Writers of Research Papers*),详见其官网 https://www.mla.org/。

APA 格式,即美国心理学会(American Psychological Association)出版的《美国心理协会刊物准则》(*Publication Manual of the American Psychological Association*),详见其官网 https://convention.apa.org/。

国内发表的论文需要遵守由我国制定,中国标准出版社出版的《信息与文献 参考文献著录规则(第四版)》。

10.3　引文管理工具

引文管理工具也叫文献管理工具,通常具有文件管理、检索、引用并自动生成参考文献等功能。学会使用引文管理工具,可以大大帮助研究者提高研究写作效率。

10.3.1　引文管理工具功能介绍

引文管理工具主要有管理、引用、标准格式插入已有的参考文献等功能,下面详细介绍一下这些功能:

(1)参考文献的管理功能。

引文管理软件是一个管理参考文献的平台,是为了方便学术论文的作者存储和管理大量的研究文献,如学术论文、期刊等。一般来说,使用者可以在参考文献管理软件中按照自己的需求设置文件夹和标签,并可以按照主题、作者、发表年份等多种方式对文献进行分类和整理,从而快速找到所需的文献。

(2)参考文献引用和格式标准化插入功能。

引文管理软件通常都内置了多种学术引用格式,使用者在学术论文写作时可以根据自身的需要,选择合适的引用格式,并自动生成标准化的引文和参考文献列表。这种功能不仅提高了引用格式的准确性,还大大节省了手动编辑的时间和精力,这也是我们使用这种软件的主要目的所在。

(3) 笔记与摘要功能。

在使用引文管理工具阅读参考文献时，可以在管理软件中添加笔记、高亮文本或创建摘要，这样可以方便使用者找到要引用的段落，也有助于回忆引用思路，并帮助我们更好地理解和记忆文献内容，从而提高研究文献的效率。

(4) 文献分析与可视化功能。

一些高级的文献管理软件还提供了文献分析和可视化工具，如文献共被引分析、作者合作网络分析等。这些工具可以帮助用户发现文献之间的关联和趋势，为研究方向的确定和论文的撰写提供有力支持。

(5) 团队协作与分享。

随着学术研究团队化的趋势加强，文献管理软件也逐渐增加了团队协作和分享功能。用户可以邀请团队成员共同管理文献库，实时分享和编辑文献信息、笔记和引用等。这有助于促进团队成员之间的沟通和协作，提高研究工作的整体效率。

(6) 全文搜索与预览。

大多数文献管理软件都支持全文搜索功能，用户可以通过关键词快速定位到相关的文献段落。部分软件还支持文献预览功能，用户可以在不下载全文的情况下快速浏览文献内容，节省存储空间和网络带宽。

(7) 版本控制与备份。

为了确保数据的安全性和完整性，文献管理软件通常具有版本控制和备份功能。用户可以随时查看和恢复之前的文献库版本，避免因误操作或系统崩溃导致的数据丢失。

(8) 集成其他研究工具。

一些文献管理软件还支持与其他研究工具的集成，如文献检索系统、写作工具等。这种集成可以进一步提高研究工作的效率和质量，为用户提供更加便捷和全面的研究支持。

总之，文献管理软件在学术研究中的作用不可忽视。它不仅可以提高文献管理和引用的效率，还可以为研究方向的确定、论文的撰写和团队协作提供有力支持。因此，对于广大研究人员来说，掌握和使用文献管理软件是一项非常重要的技能。

10.3.2　引文管理软件介绍

使用引文管理软件，能提高学术论文写作的效率。下面介绍几款常见的引文管理软件：

（1）Mendeley。

这是一款免费文献管理软件，可在官网：https://www.mendeley.com/上下载安装包，安装到电脑后，打开软件完成注册就可以使用，如图 10.1 和图 10.2 所示。另外，Mendeleyde 官网也可以直接搜索学术论文。

图 10.1　Mendeley 官网主页

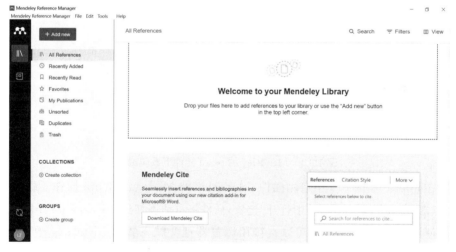

图 10.2　Mendeley 软件界面

Mendeley 软件可以在 Microsoft Word 中设置插件，其安装方法是，打开 Mendeley 软件，点击菜单栏中的"Tools"选项，如图 10.3 所示。安装插件：选择 "Install Mendeley Cite for Microsoft Word"选项。

点击"Install Mendeley Cite for Microsoft Word"选项后进入图 10.4 页面，

根据页面提示,填写 Microsoft 账户信息和 Mendeley 相关信息,然后点击"获取 Mendeley Cite"按钮进行下载。

图 10.3　Mendeley 软件下载 word 插件的选项

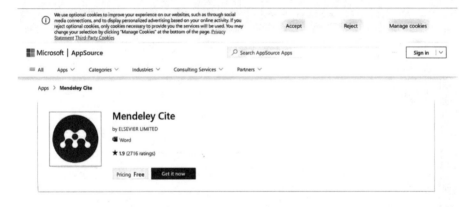

图 10.4　Mendeley 的 word 插件下载页面

在 Microsoft Word 中启用插件:Mendeley 的 Microsoft Word 插件下载完成后,点击"在 Microsoft Word 中打开"选项,插件将自动添加到 Microsoft Word 中。

使用 Mendeley 软件时可以直接用浏览器把文献下载到 Mendeley 中,也可以把已下载的文献导入,并在 Mendeley 中设置相应的文件夹将上述文献纳入其中,这样就可以通过关键字搜索文件夹中的文献,另外该软件也支持线上多人协作功能。

(2)知网研学(原 E-study)。

知网研学是常用的中文免费引文管理软件,其网站主页是,https://estudy.cnki.net/。它包含网页版、Windows 版、Mac 版、安卓版等多个可下载版本,其主页如图 10.5 所示。

图 10.5　知网研学官网主页

知网研学软件 Windows 版本软件主界面，如图 10.6 所示。

图 10.6　知网研学 Windows 版本软件主界面

图 10.6 中清晰地显示了该引文管理软件的功能。工具菜单中还有浏览器插件安装、对比阅读、格式转换、移动端 App 下载等功能，如图 10.7 所示。

图 10.7　知网研学工具菜单功能介绍

另外，知网研学支持将题目从浏览器中导入，并下载到知网研学的指定专题节点中。其中支持的网站有，中国知网、维普、百度学术、Springer、Wiley、Science Direct 等。

知网研学支持多类型文件的分类管理，支持目前全球主要学术成果文件格式，包括 CAJ、KDH、NH、PDF、TEB 等文件的管理和阅读。此外还新增图片格式文件的预览功能。并支持将 Word、PPT、TXT 转换为 PDF。

当然，Microsoft Word 中也支持知网研学插件，可实现插入引文、编辑引文、编辑著录格式等功能，使用者还可以选择多种学术期刊模板和参考文献编辑格式。

(3) Zotero。

Zotero 也是一款免费引文管理软件，其网站主页是：https://www.zotero.org/，如图 10.8 所示。

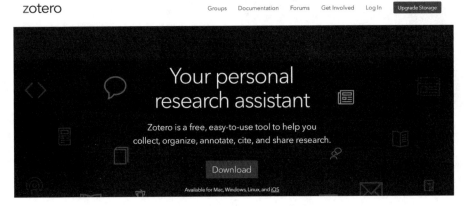

图 10.8　Zotero 引文管理软件官网主页

Zotero 有两个版本，一个是 Windows 版本，另一个是浏览器版本，如图 10.9 所示。

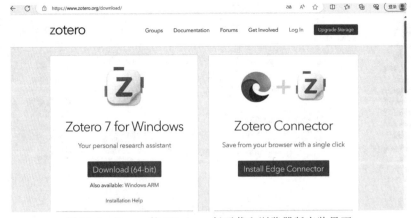

图 10.9　Zotero 的 Windows 版下载和浏览器版安装界面

Zotero 的 Windows 版和其他引文软件最大的不同是，不需要注册，就可以直接使用。Zotero 软件的主界面如图 10.10 所示。

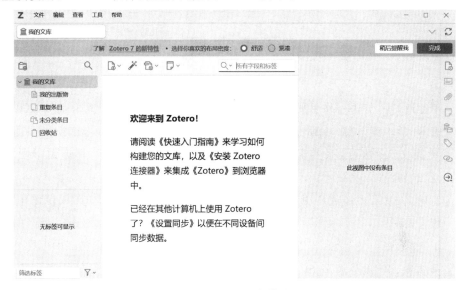

图 10.10　Zotero 的软件主界面

Zotero 的浏览器插件也允许外部的开发人员根据自己的使用需求添加一些高级功能，例如，更加灵活的文件管理方式。有些研究者惯用 BibTeX 格式，也可以添加使用，也可以保存从网站上下载下来的文献并进行管理，也可以将自己本地的文献上传到 Zotero 中进行管理。

另外，Microsoft Word 中也有 Zotero 插件，方便编辑应用文献等。

研究者可以根据自己的偏好选择文献管理软件，帮助自己合理管理文献，规范写作格式，提高写作效率。

参考文献

[1] 丁往道,等.英语写作手册:英文版[M].北京:外语教学与研究出版社,2009.

[2] 管博.学术英语写作[M].上海:华东理工大学出版社,2020.

[3] 黄国文,葛达西,张美芳.英语学术论文写作[M].重庆:重庆大学出版社,2014.

[4] 王树义.学术写作五步法:如何从零完成高质量论文[M].北京:人民邮电出版社,2023.

[5] 王永祥,张智义.学术英语写作教程[M].北京:清华大学出版社,2019.

[6] 吴志根.国际高水平SCI论文写作和发表指南[M].杭州:浙江大学出版社,2019.

[7] 席西利.学术英语写作[M].西安:西北工业大学出版社,2011.

[8] 杨新亮,熊艳.学术英语写作[M].上海:上海交通大学出版社,2012.

[9] 易莉.学术写作原来是这样:语言、逻辑和结构的全面提升[M].北京:机械工业出版社,2020.

[10] 申克·阿伦斯.卡片笔记写作法:如何实现从阅读到写作[M].陈琳,译.北京:人民邮电出版社,2021.

[11] 朱迪丝·贝尔,斯蒂芬·沃特斯.科研项目完全指南:从课题选择到报告撰写[M].林静,译.第7版.北京:新华出版社,2022.

[12] 盖特.学术英语写作[M].上海:上海外语教育出版社,2015.

[13] 劳伦斯·马奇,布伦达·麦克伊沃.怎样做文献综述——六步走向成功[M].陈静,肖思汉,译.上海:上海教育出版社,2011.

[14] WILLIAM COYLE, JOE LAW.国际英语学术论文写作[M].第16版.北京语言大学出版社,2015.

[15] 芭芭拉·明托.金字塔原理[M].汪洱,高愉,译.海口:南海出版公司,2013.

[16] 凯特·L.杜拉宾.芝加哥大学论文写作指南[M].雷蕾,译.北京:新华出版社,2015.

[17] 大卫·莫罗,安东尼·韦斯顿.高效论证:美国大学最实用的逻辑训练课[M].姜昊骞,译.第5版.北京:天地出版社,2021.

[18] 约翰·比加姆.研究生高分论文写作[M].李岩,译.北京:新华出版社,2022.